鬼速《おにそく》

ONI SOKU

PDCA

PLAN DO CHECK ADJUST

計画 行動 検証 調整

冨田和成

TOMITA KAZUMASA

クロスメディア・パブリッシング

はじめに

本書のタイトルである「鬼速ＰＤＣＡ」とは、私が前職の野村證券時代から好んで使っている造語で、私が代表を務める株式会社ＺＵＵにおいて企業文化として浸透している仕事の進め方のモデルである。

ＰＬＡＮ（計画）、ＤＯ（実行）、ＣＨＥＣＫ（検証）、ＡＣＴＩＯＮ（調整）の４ステップからなるＰＤＣＡサイクルはビジネスパーソンであれば誰もが知る古典的なフレームワークであり、一般的には製造工程の改善手法、またはチームやプロジェクトを管理する手法のひとつとして習得されるケースが多い。

しかし、ＰＤＣＡほどわかっているつもりでわかっていない、そして基本だと言われているのに実践している人が少ないフレームワークも珍しい。

なかには「いまさらＰＤＣＡ？」と思われる方もいるだろう。

確かにＰＤＣＡのモデルが提唱されたのは第二次大戦後の話だ（ウォルター・シュー

ハートとエドワーズ・デミングが提唱）。新しい学説ほど注目を集める傾向はマーケティング的な思惑からして仕方ないとしても、年月が経ったからといってＰＤＣＡモデルが錆《さ》びついているとは微塵も思わない。

むしろ、これだけビジネス環境の変化が大きくなったいまの時代こそ、成長スピードが速く、柔軟性の源にもなる「ＰＤＣＡ力」は、会社にとっても個人にとっても、最強のスキルであると声を大にして言いたい。

そもそも、私はＰＤＣＡサイクルについて、マネジメント手法というよりも「前進を続けるためのフレームワーク」であるという認識を持っている。もちろん、当社でもマネジメント手法として日々使っているし、チームリーダーたちにも口酸っぱく教え込んでいるが、それはあくまでもＰＤＣＡの一機能にすぎない。

鬼速ＰＤＣＡがもたらすもの

ＰＤＣＡが「前進を続けるためのフレームワーク」である限り、それを、高速を超える「鬼速」で回し続けることで、会社、部署、そして個人が圧倒的なスピードで成果を出し続けることができる。さらに、前進していることを実感することで自信が湧き、モチベーションにドライブがかかり、さらにＰＤＣＡが速く回る。

これが鬼速ＰＤＣＡの真髄である。

鬼速ＰＤＣＡを可能にするポイントについては本文で随時解説するが、なかでも重要なことが検証頻度である。

ＰＤＣＡサイクルは、サイクルとはいうものの機械的にＰ、Ｄ、Ｃ、Ａの順番で1周するものではない。一度計画を立てたあとは、小さなタスクなどを繰り返し消化していく「実行のサイクル」が回り続けているものである。

例えば当社では一般的な企業で週に1回行うようなチームミーティングを、週2回・およそ3日ごとの頻度で行っている。これを当社では「半週ミーティング」と呼んでいる。しかも、単に各自進捗を報告し合って「引き続きがんばりましょう」といった無意味な内容ではなく、あくまでも課題解決を前提とした会議である。

メンバーの行動計画もこのミーティングに合わせて半週ごとで区切ってあり、結果目標だけではなく行動目標もすべて数字で追っている。そしてミーティングでは各自、数値目標が未達であったものについて未達になった要因や課題を共有し、参加者全員で手を差し伸べ、それを次のサイクルに活かすのである。

これにより当社では、仕事の進め方で悩んでいるメンバーが1週間近く立ち止まるという事態は起きない仕組みを実現している。立ち止まる、迷うといった感覚が長期に続くことはチーム全体の成長スピードを落とすだけでなく、メンバーにとっても辛く苦しいことであるからだ。

第一、鬼速で前進を続けている限り、新たな課題が次々とやってくる。とくに私たちはフィンテックのベンチャー企業であり、先人が達したことがない未知の分野でチャレンジをしている。1週間仕事をして何も問題が起きないことなどあり得ない。「課題がないのは行動をしていない証拠」という共通認識が当社の社員たちのなかにはある。

だからミーティングで各自が課題を発表することは何も恥ずかしいことではなく、それどころか課題をウェルカムとし、課題が言えることこそ賞賛の対象と考えている。課題がない人や組織などありえないはずだ。

では個人でＰＤＣＡを回す場合はどうだろうか。

自分の行動を週に1回でも振り返る習慣がある人は現時点でかなりの成果を出しているはずである。それくらい振り返りの習慣を持つ人は少ない。大半の人は年に1回、上司との面談で曖昧に一年の反省と来年の抱負を考えて終わりのはずだ。

その点、私は社会人になってから毎日の振り返りを一度も欠かしたことがない。どれだけ遅く帰っても、どれだけ付き合いでお酒を飲んでも、毎晩、必ずその日の行動を振り返って紙に書いてきた。そして週末にはほとんど予定をいれず、自室やカフェにこもって半週ベース、週次ベース、月次ベース、四半期ベース、半期ベース、そして年次ベースの振り返りをしたり、計画を立てたりすることが習慣になっている。

個人で回すＰＤＣＡのテーマは営業目標であったり、ビジネススクールに行くことであったりと、そのときどきでさまざまだった。本気で成し遂げたいことが思い浮かんだらＰＤＣＡを回す。それが私にとって当たり前のことになっている。

野村證券時代に支店での営業やプライベートバンカーとして数々の最年少記録を残せたのも、当社が運営する『ＺＵＵオンライン』がサービス開始からわずか2年でお金に関する情報を発信するメディアとして日本一の月間訪問者数（※）を誇るようになったのも、すべて鬼速ＰＤＣＡを実践してきたおかげである。

鬼速ＰＤＣＡを身につければ桁違いの速さで成長できる。いまは高みにいる先輩やライバル企業であっても、自分が10倍の速度で成長すれば必ず追いつける。

考えてみれば当たり前の話だ。ＰＤＣＡを回していない人は地図がないまま気ままに散

※ Yahoo!ファイナンスなどの株価情報発信サイトは除く

歩しているようなものである。こちらは明確なゴールを持ち、常に最短ルートを模索しながら日々を過ごしている。

歩く速度をいきなり周囲の10倍にすることは難しくても、常にインパクトを重視してトレーニングをし、最短距離を重視してルートを選んでいるので、結果的に10倍速く進めるのである。

少なくとも私はそう信じてやってきたし、いまの自分が唯一誇れるものがあるとすれば鬼速ＰＤＣＡをベースとする成長スピードであると断言できる。

鬼速で世界一の企業へ

当社のビジョンは「南極の氷が溶け落ちるほど熱い世界を創ること」である。つまり、世界中の人達が夢や目標を持ち、それに向かって１００％でチャレンジできる世界を創ることだ。また、同時に２０３８年までに時価総額１００兆円を超える、圧倒的な世界一の企業を目指している。現在、社内で回しているＰＤＣＡはすべてこのゴールから逆算したものである。

世界の頂点に立つには、普通の成長スピードでは到底間に合わない。よって、現在も鬼速ＰＤＣＡの浸透をさらに図り、飛躍を目指している最中である。

今後も当社は成長を続ける。現時点では東京の池尻大橋にあるオフィスビルのワンフロアに収まっている当社も、近いうちに社員ひとりひとりの顔が見えなくなる時期が必ずくる。海外展開もすでに始まっている。

そのとき、当社のＤＮＡである「鬼速ＰＤＣＡ」の文化が途絶えないように、２０１６年の初夏から社業の合間を縫ってノウハウの体系化を始めた。

本書はその成果である。

先に断っておくが、本書で取り上げるＰＤＣＡモデルは我流である。私はコンサルタント出身でも経営学者でもない。元学生起業家であり、元証券営業マンであり、元プライベートバンカーであり、現経営者である。逆に言えば、私のＰＤＣＡモデルは実践を通して磨かれてきたものであって、机上の理論では決してないことだけは自信を持って言える。

同時に、本書は学術書ではなく実用書である。「本を読んだあとに実際の行動を促すこと」を前提にしている。なぜならＰＤＣＡは英語やプログラミングのように一日でマスターできるものではないからだ。まずは行動に移し、ＰＤＣＡの重要性を体験として理解しながら、その精度と速度を磨くことが何より重要なのだ。

よって本書ではＰＤＣＡに不慣れな若い世代の方のためにいくつかの章については初級編と応用編に分けた。応用編にも目を通してほしいが、いきなり実践できなくてもまったく気にする必要はない。

また、巻末には気軽にＰＤＣＡを体験するための「10分間ＰＤＣＡワーク」や、当社で実際に使っているさまざまなＰＤＣＡ補助ツールをダウンロードできるリンクを用意した。ぜひ、個人やチームで試してみてほしいと思う。

ちなみに本書で登場する事例については、わかりやすさを重視するために、営業、そして英語の勉強について主に取り上げた。しかし、ＰＤＣＡはウェブサービス運営、店舗経営、チームマネジメント、その他すべてのビジネス・人生の課題に活かすことができる。

また、本書では、ＰＤＣＡの各ステップをかなり詳細に解説した。読み進めるなかで全体の流れが捉えきれなくなったら、ぜひ目次を使って各ステップの内容を振り返ってほしい。一度、流れが理解できれば、ＰＤＣＡサイクルは自然と実践できるようになる。

自分自身の課題を思い浮かべながら、実際に手を動かしつつ理解を深めてほしい。

冨田　和成

鬼速PDCA

Contents

2章 計画初級編：ギャップから導き出される「計画」

鬼速PDCA
Contents

3章

計画応用編：仮説の精度を上げる「因数分解」

4章

実行初級編：確実にやり遂げる「行動力」

5章 実行応用編：鬼速で動くための「タイムマネジメント」

6章

検証：正しい計画と実行の上に成り立つ「振り返り」

7章 調整：検証結果を踏まえた「改善」と「伸長」

8章

チームで実践する鬼速ＰＤＣＡ

1章

前進するフレームワークとしてのPDCA

ＰＤＣＡこそ最強のビジネススキルである

世のなかのキャッチアップの速度は、日進月歩で早まっている。

それに伴い、かつてのビジネススキルはどんどんコモディティ化（日用化）している。

そんな状況だからこそ、ますます価値が上昇するビジネススキルがＰＤＣＡ力であると思っている。

例えば私が証券の営業を始めたころは、営業マンにとって「情報」は命だった。しかし誰でも情報にアクセスできる時代になると情報の価値は必然的に下がる。

それを示すように、入社当時は主要な数字を頭に叩き込んでからお客様のもとに向かっていた営業スタイルが、会社を辞める直前では、その場でｉＰａｄを片手に情報を検索するだけで十分になっていた。

その代わり、お客様から強く求められるようになったのは、資産運用に関するリアルタイムでの次の投資方針、より深いレベルでの助言である。

お客様はＰＤＣＡを回してくれる営業マンを求めるようになったのだ。

例えば、「英語力」。ひと昔前までは英語が話せるだけで引く手あまただったのに、いまでは人材市場での差別化はできないし、自動翻訳の精度も年々上昇しているので、もしかしたら近い将来、通訳という職業はこの世からなくなるかもしれない。

「MBA」にしてもそうだ。本屋に行けば『MBAで教える◯◯』といった類の本がいくらでも手に入るし、オンラインで授業動画を見ることすらできる。世界と比較すれば日本でのMBAホルダーはまだまだ少ないが、それでも年功序列制度の崩壊と国内MBAの増加でMBAホルダーは決して珍しい存在ではなくなった。

最近、海外へのMBA志願者が減っているという話を聞いたが、それは金融危機のせいではなく、MBAのビジネスツールとしての価値が薄れてきていることが原因ではないかと思う。

では、「PDCA力」をビジネススキルとして考えたらどうだろうか？

いまの世のなか、正解がどんどん変わる。変わる前に手を打てる先見の明があれば理想だが、それがなくても変化を察知し順応する柔軟性があるだけでも十分、価値がある。それはまさにPDCA力である。

PDCAは対象を選ばない。どのような業界、どのような職種であっても応用できる。これほど万能なビジネススキルは存在しないと言っていい。

いや、正確に言えばPDCAは個別のビジネススキルとはまったく別の次元にある。

PDCAは、個別のスキルの習得を加速させるためのベースだからである。PDCA力さえ上がればスキルの上達が圧倒的に速くなる。若いビジネスパーソンは1日でも早く成果を出そうと、英語やコミュニケーションスキルなど効果が見えやすい実用的なスキルの習得に躍起になるが、実はそうしたことに手をつける前にPDCA力を身につけたほうが、中長期的に見ればはるかに大きな効果をもたらすのだ。

よって、人生をかけてスキルアップすべきはPDCA力である。PDCA力が

図1-1 あらゆるスキルの成長のベースとなる鬼速PDCA

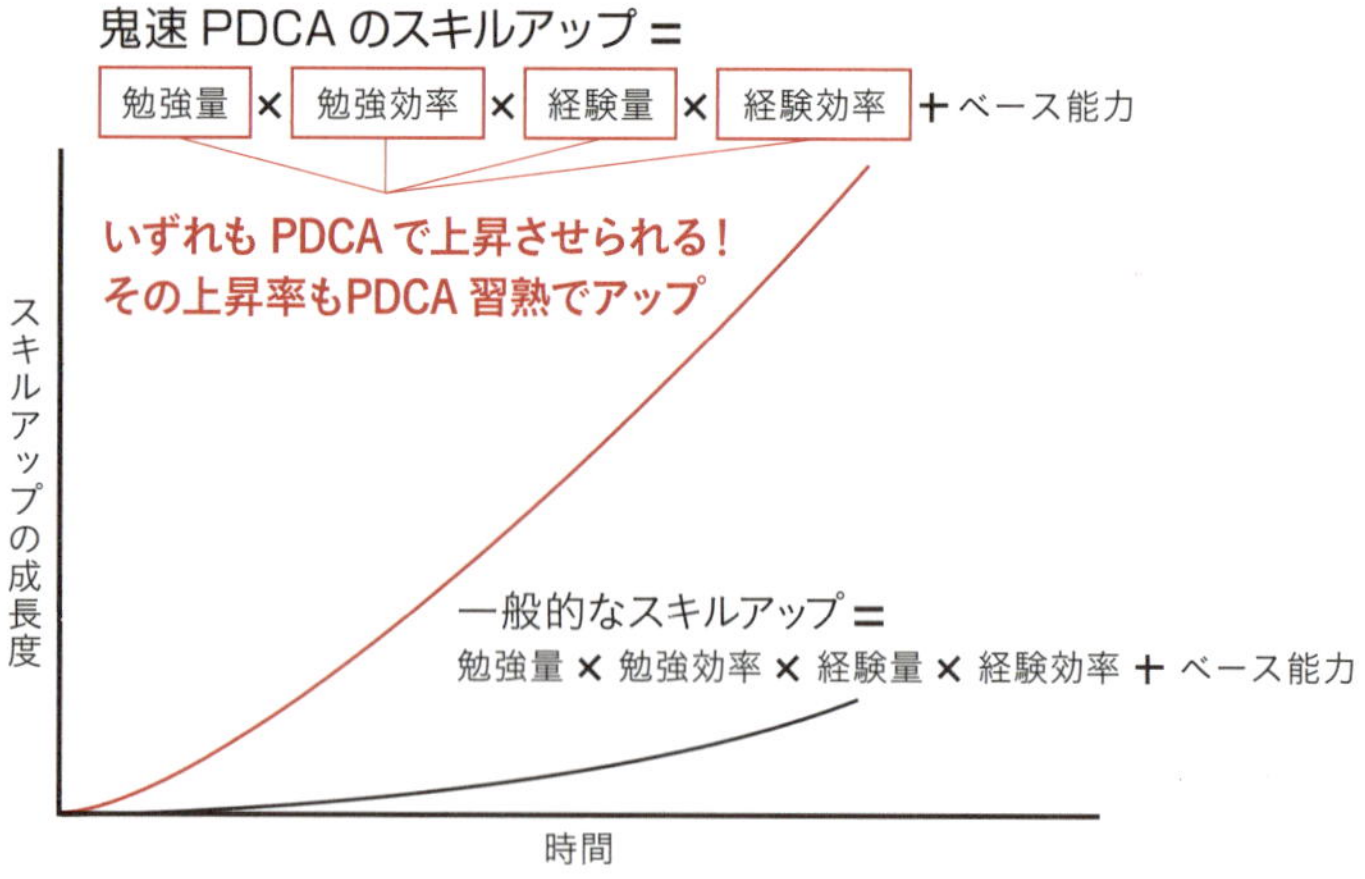

高まればタイムマネジメント能力もチームマネジメント能力も問題解決能力もすべて上昇していくのである。

この発想の転換さえできれば本書の役目はほぼ終えたと言ってもいいくらいだ。

企業・リーダーの価値もPDCA力で決まる

PDCAが個人においても万能であるなら、当然組織でもPDCAは万能、かつ最強の強みとなる。

現在のビジネス環境においてはどれだけ真新しいビジネスモデルやテクノロジーであっても差別化要因にはならない。瞬時に各国の言語に翻訳され、世界中に広まり、陳腐化してしまう。2000年以前の日本では「企業の栄華は10年持てばいい」と言われていたが、現在では数年持てばいいほうである。

ビジネスモデルで企業価値が測られる時代は終わったと考えている。そうではなく新しい仕組みやサービスを鬼速で生み出し続けられる組織力と、市場の変化に瞬時に対応できる柔軟性を持った企業こそ、激動の時代を勝ち残れるのである。

それらはまさにＰＤＣＡ力のことだ。

時価総額ランキング世界2位のアルファベット（グーグルの親会社。２０１６年7月末時点で５４５５億ドル）のすごみは検索エンジンではなく、絶えず新しい試みを続けていることである。世界的ベストセラー『How Google Works』が描いたように、同社では仕事の一部を自由な研究時間に充てることができるし、無料のカフェテリア、生産性を追い求めたオフィス環境、会議スタイルなど、新しい仕組みが生まれる環境を模索し続け実行してきている。

確かに検索エンジンを開発したこと自体は素晴らしい。しかし、それは所詮過去の栄光だ。それを示すように、現在のグーグル社長のサンダー・ピチャイ氏はＡＩ畑出身である。検索エンジンのエンジニアではない。

市場の表舞台から去っていった日本の数々のマンモス企業のように、自己変革に躊躇する会社は淘汰される運命にあるのだと思う。

それはつまり、組織を率いるリーダーにしても同様である。

入れ替わりの激しい人員、ライバルのキャッチアップ、相次ぐ自社の新サービス。状況の変化に対して受け身のマネジメントをしていては、当然業績も揺れ動く。それを当然としていては、部下の生活を預かるマネージャーとしての成長はない。

そんな状況でも、常にいい結果を残せるリーダーは存在する。それはなぜか。もはや言葉を尽くす必要はないだろう。

世間が抱くPDCAの6つの誤解

「いまのままでは、うまくいかない気がする」

このように仕事でもプライベートでも、現状に対して漠然と不安や疑念を抱く人は大勢いる。しかし、現状の何がダメで、それをどう改善すればいいのか、具体的に分析できる人はあまりいない。

仮に分析できたとしても、その改善のために腰を上げる人の数は減り、それをＰＤＣＡサイクルに落とし込み、さまざまなしがらみを乗り越えながら改善を続けられる人や組織は、ごく一部しかいない。

新人研修や管理職研修などで「ＰＤＣＡはビジネスパーソンの基本である」と再三に渡って教わるというのに、である。

今回、我流でやってきた鬼速ＰＤＣＡの体系化にあたって世のなかに出回っている売れ筋のＰＤＣＡ本を何冊か読んでみたが、残念ながら納得できる本はなかった。

なぜビジネスパーソンにＰＤＣＡが浸透しないのか？

なぜ世のなかのＰＤＣＡ本は不完全なのか？

それらの原因として、私は世間のＰＤＣＡに対する６つの誤解があると思っている。

簡単だと思っている

いきなりだが裏事情を明かす。本企画が版元の編集会議に上がったとき、同席者のひとりが担当編集者に向かってこう発言したそうだ。

「ＰＤＣＡ？ ずいぶん地味なテーマだよね。いまさら売れるのかな」と。

こうした指摘は散々聞いてきたので、この発言があったと聞いて、私はとくに驚かなかった。

断言するが、ＰＤＣＡを簡単だと真顔で言う人は、本気でＰＤＣＡを回したことがない。それは簡単なＰＤＣＡしか回したことがない証拠だ。

本気でＰＤＣＡを回したことがある人なら、その奥深さと難しさを肌身で知っているはずだ。**ＰＤＣＡは、そのＰＤＣＡ自体も成長していくものであって終わりなどない。**さらに言えば、ＰＤＣＡに慣れてくると同時に回すＰＤＣＡサイクルの数も増える。

確かに簡単なPDCAをひとつ回すことであれば、経験が浅い人でもできる。それが鬼速PDCAへの入り口であり、本書もその導入になればいいと心の底から思っている。しかし、簡単なPDCAをひとつ回せたからといって「PDCAはマスターした」と思うのは大きな勘違いだ。草サッカーで1回勝ったからといって「サッカーって簡単だね」と言っているのとまったく同じである。

私がはじめてPDCAを知ったのは大学3年のときに参加した就活セミナーだった。そこに登壇したジョブウェブの佐藤孝治社長（現会長）が「企業が求めているのはPDCAを回せる人材である。面接のときに過去に直面した課題とそれをどう乗り越えたのかを必ず聞いてくるのは、それを確認するためだ」といった趣旨の発言をされた。

いままでモヤモヤしていた視界が急に晴れた感覚だった。

家に帰った私はさっそくA4のノートを開き、デカデカと「P」「D」「C」「A」と書き、それぞれに該当すると思われることを書き入れていった。

いま思えば随分泥臭い方法だったが、他の方法など知らなかったのだ。

そんな初歩から始めたPDCAだが、何事も継続することが得意だった性格が幸いして、私はさながら熱心なPDCA信者として来る日も来る日もPDCAに取り組み、その過程でPDCAを回す方法は数え切れないほど変わっている。

その集大成が本書で紹介する鬼速ＰＤＣＡである。

2 管理職向けのフレームワークだと思っている

ＰＤＣＡサイクルは統計学者が品質改善を目的として考案したマネジメント手法である。実際、経営・管理業務・プロジェクトマネジメントには、絶大な効果を発揮する。

ただ、そのイメージが強いばかりに「自分がチームを持つ立場になったら考えればいい。いまの自分には関係ない」と思っている若い世代が大勢いる。

ＰＤＣＡは対象を選ばない。

上司や部下との関係を良くする、日々の時間の使い方の無駄をなくす、人脈を増やす、プレゼン技術を高める、交渉力を強化する、家族サービスの質を高める、恋愛上手になる、趣味で上達するでもいい。

だからこそ若い世代こそＰＤＣＡを真剣に回すべきだ。

ゴールを定め、そこへの最短距離を探りながら前進を続けるための原動力となるのがＰＤＣＡである。個人レベルで、そしてプライベートな目標でも積極的に活用できるのである。

また、ＰＤＣＡ力を身につけるなら、早いに越したことはない。若いときからＰＤＣＡ

を回す習慣を身につければ、果てしなく高いゴールへも到達できる。なぜなら、成長モデルであるPDCA自体も成長するからだ。

私がPDCAを回し始めた時期のPDCAの対象は、ほぼ、支店の営業マンとしての「新規開拓」に絞られていた。ただ「新規開拓」といってもさまざまなプロセスがある。それらを必死に分解して、効果のありそうな課題を選んではPDCAを回していた。もちろん、それだけでも成果は出るが、PDCAを回す行為自体も試行錯誤を繰り返し、精度と速度を向上させ続けたことで、最終的な成果は「スキルの成長」×「成長スピードの加速」という二乗で増えていったわけである。

3　失敗するのは検証（C）が甘いからだと思っている

「仕事を進めるにあたって計画は誰でも立てるし、実行もできる。ただ、定期的な振り返りをしないからやりっぱなしになって、結果的に同じ失敗を繰り返したりするんだよね」

PDCAと聞いて真っ先に、検証フェーズをボトルネックと考える人が実に多い。

もちろん、検証なき計画と実行では、PDCAは成り立たない。ただ、そうした人たちの話をよくよく聞いてみると、実は**計画の段階で曖昧な計画しか立てておらず、その結果、振り返りがしたくても大雑把な検証しかできていないというケースがほとんど**なのだ。

ＰＤＣＡの５割は計画で決まるといってもいい。

計画が曖昧なままＰＤＣＡを回そうとしても、何をすべきか曖昧で、何を検証し、どう対策をすればいいのかわからない。

これではＰＤＣＡが回るわけがない。

逆に言えば、計画の段階で汗を流して数値目標に落とし込んだ綿密な計画を立てることができれば、その後のステップが圧倒的にスムーズにいくのである。

4　課題解決のためのフレームワークだと思っている

ＰＤＣＡは課題解決のひとつの手法である。だからといって、課題がなければＰＤＣＡを回す必要がないのかといったらそうではない。

物事がうまくいかないときには必ずどこかに原因があるように、物事がうまくいっているときにも原因がある。しかし、多くの人は物事がうまくいったらただ喜んで、居酒屋での打ち上げで盛り上がって終わりだ。

重要なことは、うまくいったことを確実に再現できるかである。

ＰＤＣＡを回す目的は、最初の計画で立てたゴールを達成することである。それにもかかわらず、多くの人は検証のフェーズで「うまくいかなかった原因」ばかりに着目しようとする。

鬼速ＰＤＣＡでは検証のフェーズで必ず「うまくいった原因」も分析する。「たまたま運が良かった」では得るものがないからだ。必ず何かしらの仮説を立て、「もう一回このアプローチで再現できるか、次のＰＤＣＡで確認しよう」と考える。

「うまくいかなかった原因」への対策が「改善案」であるとすれば、「うまくいった原因」の再現を試みるのが「伸長案」である。

私は、ＰＤＣＡのＡを、一般的に知られている日本語訳の「改善」ではなく「調整」としている。「改善」だけに目を取られて「伸長」を忘れないためである。

5　改善さえすれば終わっていいと思っている

仕事で問題が起きたら誰しも知恵を絞って事態の解決に全力を傾ける。ただ、それをもって「ＰＤＣＡを回した」と思ったら大きな間違いである。

ＰＤＣＡには「階層」がある。人も組織も複数のＰＤＣＡを回している。

そして、上位のＰＤＣＡほど回し「続ける」ことに意味がある。

例えば、ソフト開発の過程で致命的なバグが見つかり、チームメンバー全員で原因究明に努めてバグを直したとする。そのとき行ったのは「バグを解決するためのＰＤＣＡ」である。バグがなくなったのでＰＤＣＡは終わっていい。

しかし、本来であればプロジェクトリーダーは「プロジェクトをトラブルなく予定通りに終わらせるためのＰＤＣＡ」も回しているべきである。これが上位のＰＤＣＡだ。

大半の人は課題が顕在化したときしかＰＤＣＡを回さない。しかしそれだと、バグが解決した瞬間だけを見ればハッピーエンドだが、もしかしたらその際、特定のチームメンバーだけが徹夜を強いられていて、現在も不満を抱えているかもしれないわけだ。そうした潜在的な課題にも目を配るには、上位のＰＤＣＡをずっと回し続けていないといけないのである。主力のエンジニアが突如チームを去ってしまったら、それまでの努力が水泡に帰す恐れもある。

そうはいっても、ついつい忘れがちになる上位のＰＤＣＡを回し続けるのは簡単ではない。自分の意志が弱いならルール化も必要だろう。

気が向いたときにジョギングをすることは誰でもできても、毎朝６時にジョギングをするのは一部の人しかできない。

「改善・伸長」と「継続的な改善・伸長」は別物であることを留意すべきである。

6　大きな課題のときだけ回せばいいと思っている

元来、生産管理の現場などで多用されてきたフレームワークなだけに、ボトルネックとなっている生産工程や、多くの課題が予想される中長期のプロジェクトを対象にＰＤＣＡが活用されることが多い。やたらと目立つ大きな課題があるときだけ、ＰＤＣＡを持ち出すのである。

本来、ＰＤＣＡは複数抱えることができるものであり、しかも、その対象を選ばない。ということはプライベートでも仕事でも、小規模なＰＤＣＡが複数回っていることが理想である。

ＰＤＣＡに不慣れな人や組織の場合、大きな課題や目標をまず分解してみて、そのなかでも重要で効果が大きい指標に絞って、小さなＰＤＣＡをいくつか回したほうが、断然扱いやすくなり、結果的に速くなる。

この点についてはのちほど触れるが、「鬼速」という表現には、個々のＰＤＣＡが速いといった意味だけではなく、「その人の人生そのものの成長スピードが速くなる」という意味合いも込められているのだ。

ＰＤＣＡのスケール感を意識せよ

先ほど少し触れたが、ＰＤＣＡの階層についてもう少し解説しておきたい。

なぜなら、この捉え方を身につけるだけで、とんでもない成果に到達することにつながるからだ。本書で紹介する鬼速ＰＤＣＡの本質のひとつは、ここにあるのだ。

ＰＤＣＡサイクルと聞いて想像する、丸く表現された一般的なＰＤＣＡのイメージだけを見ると、ＰＤＣＡサイクルはあたかもプロジェクトベースでひとつだけ回っているような印象を受ける。

これもありがちな勘違いであり、ＰＤＣＡがわかりにくい原因でもある。

実際には、**あらゆるＰＤＣＡには、さらにそれを含む上位のＰＤＣＡと、それを細分化した下位のＰＤＣＡがある。**

さながら仏教での「マンダラ」のようなイメージだ。

私は上位で回っているものから大ＰＤＣＡ、中ＰＤＣＡ、小ＰＤＣＡと呼んでいる。相対的なものなので、どの規模から「大」なのかといったことは気にしなくていい。

例えばある若いビジネスパーソンが「5年以内に年収1000万円以上稼ぐ」とゴールを設定したとする。現状は大企業の営業職で年収500万円。そのギャップを埋めるためにはさまざまなルートが見えてくる。

ひとつは、いまの会社で営業スキルを徹底的に磨き、圧倒的な営業成績を挙げ、その実績を引っさげて完全歩合制の企業に転職することかもしれない。または英語を必死に勉強してMBAへ進み、外資のコンサルティング会社に入ることかもしれない。

それぞれのルートを検討してみると、さらに細かい計画が必要であることがわかる。

図1-2　PDCAサイクルの階層

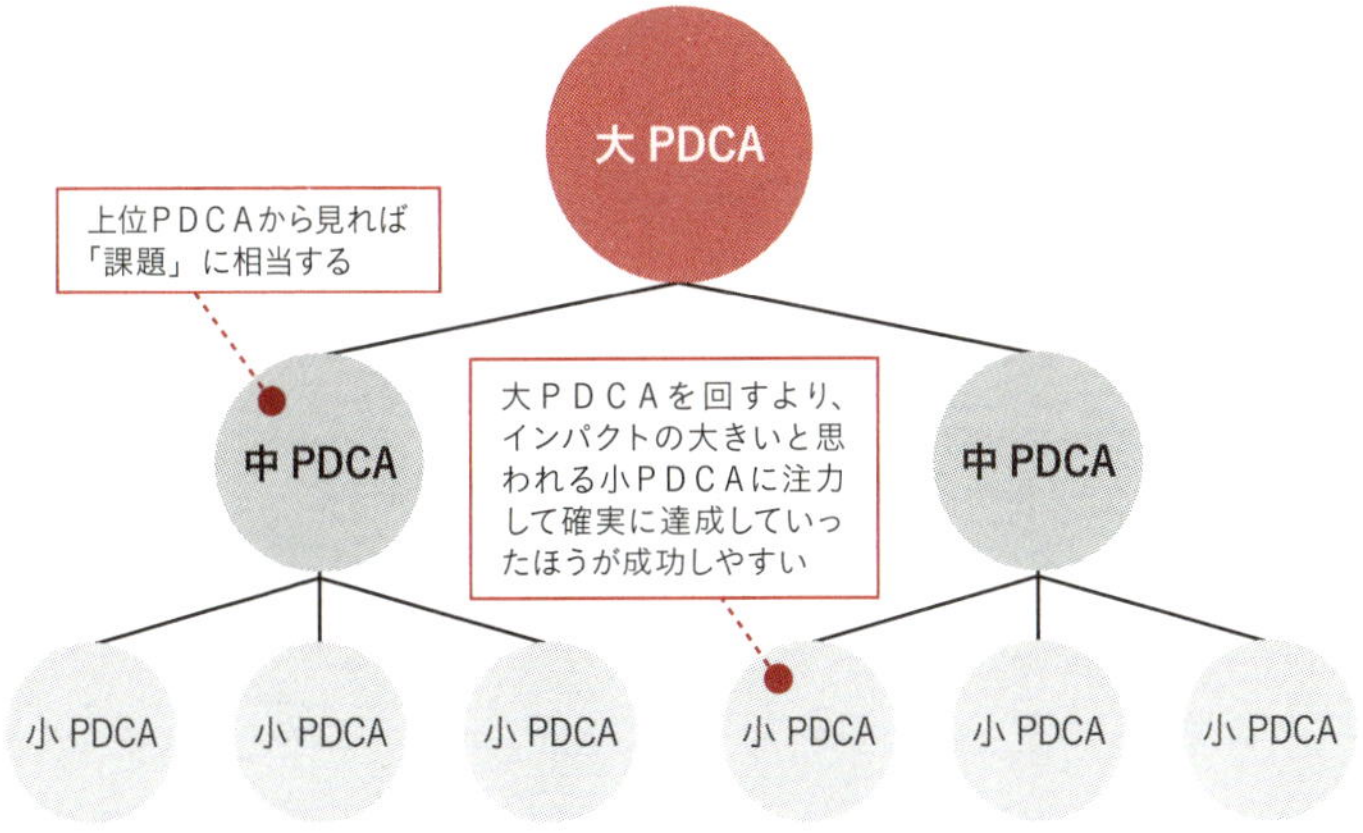

仮に営業職として結果を残すルートを選んだら、「年収1000万円」という大PDCAの下に「営業スキルを磨く」「年間売上10億円」といった中PDCAが回ることになるわけだ。それに「営業スキルを磨く」といっても、コミュニケーション力を磨くのか、提案力を磨くのかといった個別の課題（小PDCA）に分解されていくし、コミュニケーションといっても役員クラスとの話題についていくための情報収集の話なのか、仕草や表情の話なのか、交渉力なのか、傾聴力なのかとさらに分かれる（小小PDCA）。

最初に掲げた大PDCAのゴールがいかに壮大であっても、それらを小さなPDCAに分解できる。これらを回すことで、加速度的に目標に近づくことができる。

大中小それぞれのPDCAをいかに効率よく正確に、速く回していくのか。そのシステムを本書では説明していく。

証券マン時代に実践した鬼速PDCA

実際に、私がどのようにPDCA力を身につけてきたのかも紹介しておく。

PDCA力の効果が如実に表れるのが営業マンだ。

コミュニケーション能力に長けていたわけでもないのに営業のPDCAをひたすら回し続けた結果、圧倒的な成果が出せた私が言うのだから間違いないと思う。アプローチの仕方、しゃべり方、アポの取り方など、契約に至るまでのプロセスをすべて分解した上でそれぞれPDCAを回すようになるとその成果が面白いように数字として表れる。

若手社員や私のセミナーを聞いた学生から「どうやってこのレベルまでのPDCA力を身につけたのか？」とよく尋ねられる。

それに対して私は必ずこう答える。

「社会人になってから1日も休まず、やり続けてきただけです」と。

ちなみに社会人1年目のときの大PDCAは「1年目の営業成績で、全国の3年目までの営業マンのなかでトップに立つこと」だった。

ただ、それを分解すれば「新規開拓200件」といった中PDCAが見え、それが見えればそれを実現するための小PDCAが見えてくる。

その小PDCAのなかでも、当時、支店の飛び込み営業をしていた私にとって、もっともクリティカルなPDCAは「受付突破」だった。よって最初の1年目はほぼ「受付突破」のPDCAしか回していないといってもいい。でも結果的に大PDCAは達成できたわけである。

当時の私が行っていたPDCAはこのような感じだ。

まずは計画のフェーズ。

受付突破は受付担当とのたった1分、下手をすれば5秒、10秒で決まる世界なので検討すべきことは多くない。とにかく「第一印象」が重要な要素になることはすぐにわかる。

そこであるときは「笑顔を絶やさず、ゆっくりと発言してみればいいのではないか?」と仮説を立てた。計画を立てたらそれを実行してみる。例えば一日単位でサンプルをとってみるというように。

サンプルをとったら検証だ。

うまくいかなかったらその原因を必死に考えた。ここが若干難しいが、少なくとも仮説は立てられる。「もしかして新人だと思われてなめられたのかな?」と。ただ、ここで思考が止まってしまってはPDCAサイクルが止まる。

思考が止まりそうなときは、「なぜ」か「どうやって」を自分に問えばいいだけだ。

「じゃあ、どうやったらなめられないかな?」

これでまた思考が動きだす。

「そういえば上司が真剣にプレゼンしているときの仕草って、信頼感があるよな。あれを真似してみようかな」といった改善案が見えてくる。その結果、次のサイクルでは「身振り手振りを交えてみる」という計画を立て実行し、検証するのである（身振り手振りは恐ろしく効果がなかったが……）。

このように仮説を立て、サンプルをとり、分析して改善するというPDCAをずっとやっていた。成果が出てくるようになると、他の課題についてもPDCAを回すようになった。

回すPDCAが増えると計画や検証の時間が不足するが、どれだけ残業しても、どれだけお酒を飲んでも、必ず帰宅したら当日の振り返りの時間を設けていたし、週末も振り返りとインプットの時間に当てていた。

入社当時はインストラクター役の先輩とは経験・知識のギャップを当然感じていたが、2、3年もすると、そのとき感じていた差は消えていた。**毎日欠かさずPDCAを回していれば、数年のギャップなどあっという間に埋められる。**

次のページには、私が野村證券時代に実際に行っていた行動例を一部書き出してみた。このなかにはビジネス書から学んだものや、先輩からもらったアドバイスなども含むが、PDCAを回したらこのように行動が変わることを理解してもらえたら幸いである。

図1-3 PDCAで培った新規開拓営業テク

- 代表番号の末尾を一桁変えて電話することでガードの固い総務部をかわす
- 受付のいない時間帯を狙う
- 富裕層の集まる会員制ラウンジに行く
- 効率よく営業できるように担当地区の地図を自宅の部屋に貼って頭に叩き込む
- 富裕層ネットワークの中心人物を重点的に攻め、富裕層を紹介してもらう
- 接触したい社長が書いた本をすべて読み感想文を送る
- 業界や業種別のレポートを作り、定期的に送り続け、会う前から信頼関係を構築する
- 巻物に毛筆で面会依頼の文面を書き、送る
- 帝国データバンクの検索条件を工夫して資産管理会社（＝富裕層）のリストを作る
- 受付突破時に、断られにくいフレーズを使う（つなwhile
ないとまずいと思わせる）

「社長の書かれた本（記事・講演）を拝見しまして……」
「個人的な話になりますので直接お伝えしたほうがいいかと思うのですが」
「セミナーへの参加意向表明の締め切り日が迫っておりまして」
「記念日（社長の誕生日・設立記念日）なので連絡させていただきました」
「御社のサービス利用者のアンケートをまとめたのでお渡ししたいのですが」
「御社に有益な情報（取引先・競合）をお持ちしました」
「御社の福利厚生を拡充させる話ですので、社長に直接判断いただいたほうが得策かと思われますが」
「社長と同じ○○大学出身のもので、OB会誌を見て連絡させていただきました」

前に進むのがどんどん楽しくなる

私が鬼速PDCAをZUUの企業文化の軸に据えたわけは、単に成長スピードが速まるという理由だけではない。

どれだけ理路整然としたフレームワークやビジネスモデルであっても、それを実行するのは生身の人間だ。人間である限り感情の浮き沈みもあれば、不測の事態に直面したときにパニックになったり精神的に落ち込んでしまったりすることもある。

そのときにすぐに上を向いて、歩みを続ける原動力になるのがPDCAだと思っている。

人が不安や疑問を感じ、歩みを止めてしまう原因は3つしかない。

・「自分はどこへ向かおうとしているのか?」（ゴールが見えない）
・「果たしていまの努力は意味があるのだろうか?」（道が見えない）
・「この方法のまま続けていていいのだろうか?」（手段が見えない）

こうしたことが曖昧なままではモチベーションが上がるわけがない。ましてやその状態で大きな障害に出くわしたとき、それを乗り越えるだけのパワーは湧いてはこない。

仕事であればある程度強制力があるし、毎月の給料という形でなんとなく成果は出る。しかし、不安を抱いたまま全力で仕事に向き合うことはなかなか難しい。

その点、ＰＤＣＡを回していれば、計画フェーズでゴールと道のりが明確になる。そして実行の段階で手段が決まる。

普段からゴールを意識しながらＰＤＣＡを回していれば、突如、激流の川が行く手を阻んだとしてもパニックにならずに、橋を作るべきか、ジャンプ力を鍛えるべきか、イカダをこしらえるべきか、迂回路を探すべきかといった打開策を考えることが当たり前のことになる。なぜなら障害があったとしてもそれを乗り越えた先にはゴールがあるとわかっているからだ。

このメリットは果てしなく大きい。

そして、何回か障害を乗り越える経験をすれば、そのうち課題にぶつかることが楽しくなってくる。

もしあなたが、または、あなたの会社が、長らく壁に直面していないとしたら、それは単に現在地で足踏みをしているだけだ。前に進んでいる限り必ず障害物に当たる。

それを当然なことだと受け入れ、気持ちをすぐに切りかえて前に進み続けていれば、絶対にそれ以上のプラスの結果が返ってくる。むしろ障害物に遭遇したら前に進んでいることを確認できたと素直に喜べばいいのだ。人生はおそらく言うほど難しくない。難しくしているのは自分自身である、と思うことすらある。

もしその障害物が「嫌な上司」だったとしたら、定期的な人事異動で目の前から消える可能性はあるだろうし、会社を転職してしまえばとりあえず障害は消える。それが唯一残されたルートであればしょうがない。でも、いきなりそういった選択肢を選ぶのは考えものだ。それでは再度同じようなタイプの上司が目の前に現れたら、また同じようにその場で立ちすくむことになりかねない。「果たしてこれが最短のルートなのか？」と自問自答を止めてはいけない。

鶏と卵の関係にあるＰＤＣＡと自信

普段、とくに深く考えずに惰性で仕事をしているような人は、ＰＤＣＡという言葉を聞くだけでアレルギー反応を見せることがある。しかし、実は人間誰しもＰＤＣＡを回した経験はあるはずだ。

例えば青春時代に誰かを好きになって、相手と鉢合わせしそうな場所で待ち伏せをしてみたり、相手が喜んでくれそうなプレゼントを悩みに悩んで選んでみたりしたことはないだろうか。こうした試行錯誤は「意中の人と結ばれる」というゴールに向けてＰＤＣＡを回している状態である。

真剣に何かを達成したいと思ったら人は次にとるべき行動を考える。

人によっては精度が粗いまま行動をするが、そのフィードバックを次の行動に反映させたら立派なＰＤＣＡなのだ。

コスパの良い居酒屋を探す行為も、ボランティア参加者を増やすために知恵を絞るのも、より大きな魚を釣るために潮の流れや風向きなどを観察するのも、すべてＰＤＣＡである。

私は学生向けの講演や若手社員を対象とした社内勉強会などで鬼速ＰＤＣＡについてレクチャーすることが多いが、意外なことに多くの人は自分がＰＤＣＡを回してきた事実に気づいていない。

本来、ＰＤＣＡはそこまで敷居の高い考え方ではないのだ。

しかし、いざ意識的に実践しようとなると、躊躇してしまう。その一番多い原因は、それが続けられるか不安だからではないだろうか。

これは実際にやってみないと一生わからないだろうが、「PDCA」と「自信」は鶏と卵のような関係である。**PDCAを回すと自信が湧き、自信が湧くからPDCAを続けられるのである。**

とくにPDCAを早い段階で身につけるとPDCA力自体の向上によってレバレッジがかかる。いままで難儀していたことでもすぐにマスターし、次のレベルに上がっていける。するとと仕事でも私生活でも、自信が湧いてくる。

また、そこまでの成果が出ない段階でも、ゴールと現状のギャップを把握しながら計画を立て実行に移しているだけでも「前進している自分」を実感できる。

それだけでも十分、自信につながる。

例えばオリンピックで金メダルを取ったら誰しも自信がつくだろう。でも、自信とは本来、コツコツと積み重ねていくものだ。先月より筋肉がついた。いままで勝てなかった先輩に勝った。国体に出場できた。入賞できた。優勝した。新聞に載った。こういった自信の積み重ねがあるからこそ努力を続けることができると思うのだ。

これは自分の20代を振り返ったときにいつも感じることだ。

PDCAは1周するたびに実行策が研ぎ澄まされていくので、最初に定めた目標に向かって確実に前進できる。

もちろん、綿密に計画を立てても成果が出ないこともあるが、ＰＤＣＡサイクルはうまくいかなかったら改善すればいいという前提に立つ。ＰＤＣＡサイクルにおける失敗は、その後の仮説精度を上げることにつながる立派な成果である。「適当にやった結果としての失敗経験」であればこうした学びはない。

PDCAサイクルを回し続けている限り、その対象がなんであろうとゴールに到達するまでかならず前に進む。

私がＰＤＣＡを「前進するためのフレームワーク」と評している理由はここにある。

人の感情はいとも簡単に揺れ動く。そしてそれは仕事のパフォーマンスにも顕著に表れる。だからといってモチベーションがドン底まで下がった段階で「頑張らないと」と言い聞かせたり、上司が「気合い入れろよ」と叱責してみたところであまり効果はない。

なぜならモチベーションが自分の足を引っ張るまで事態が悪化したときは、たいてい大きな壁に直面したときか、五里霧中で進むべき道が見えなくなったときか、もはや自分の存在自体を否定したくなるくらい自信を失っているときだからだ。そんな状態から「さあ、前へ進もう」と気持ちを奮い立たせるには相当な手間と時間がかかる。

しかし、普段からＰＤＣＡを回していれば自信がみなぎっているので常にモチベーションは高い。毎朝起きるときも「よし、今日も前に進むぞ！」と思える。ゴールも筋道も手段も明確だから迷いは一切ない。そこで壁に直面しても、いままでの助走があるのでたじろぐこともない。

もちろん、いままでノープランで生きてきた人が、突如、鬼速でＰＤＣＡを回そうとするとそのペースの速さに戸惑うことだろう。当社でも鬼速ペースについてこれない若手社員がいないとは言わない。ただ、それに慣れてしまえばこれほど面白い人生はない。周りの人や競合他社が、止まっているようにしか見えない次元を味わえる。

鬼速ＰＤＣＡとは何か

これから鬼速ＰＤＣＡの解説に入っていくが、その前にあらためてＰＤＣＡサイクルをおさらいする。

まずは研修のテキストでよく見かけるＰＤＣＡサイクルの図を掲載しておこう。

計画を立て、実行に移し、その結果を検証して調整する。１巡したときのアウトプットは改善案や伸長案になるはずだ。

それらを次のサイクルに反映させて、あらためて計画、実行、検証、調整を行う。

さて、ここまでは誰でも理解してもらえると思う。

というより、大半の人はこのモデルを見て「確かに大事だよね。うんうん」と納得して終わりである……。

この図式はシンプルに整理されているので一目でＰＤＣＡサイクルを理解するには好都合だが、あまりにシンプルすぎて、「で、ＰＤＣＡを回すとどうなるのか?」「各フェーズでは具体的に何をするのか?」といった一番知りたい答えが理解しづらい難点がある。

また、あまりに無味乾燥すぎて、このフレームワークが秘めている大きな可能性に気づきづらい。

私のなかではＰＤＣＡというといつも

図1-4　一般的に知られるＰＤＣＡサイクル

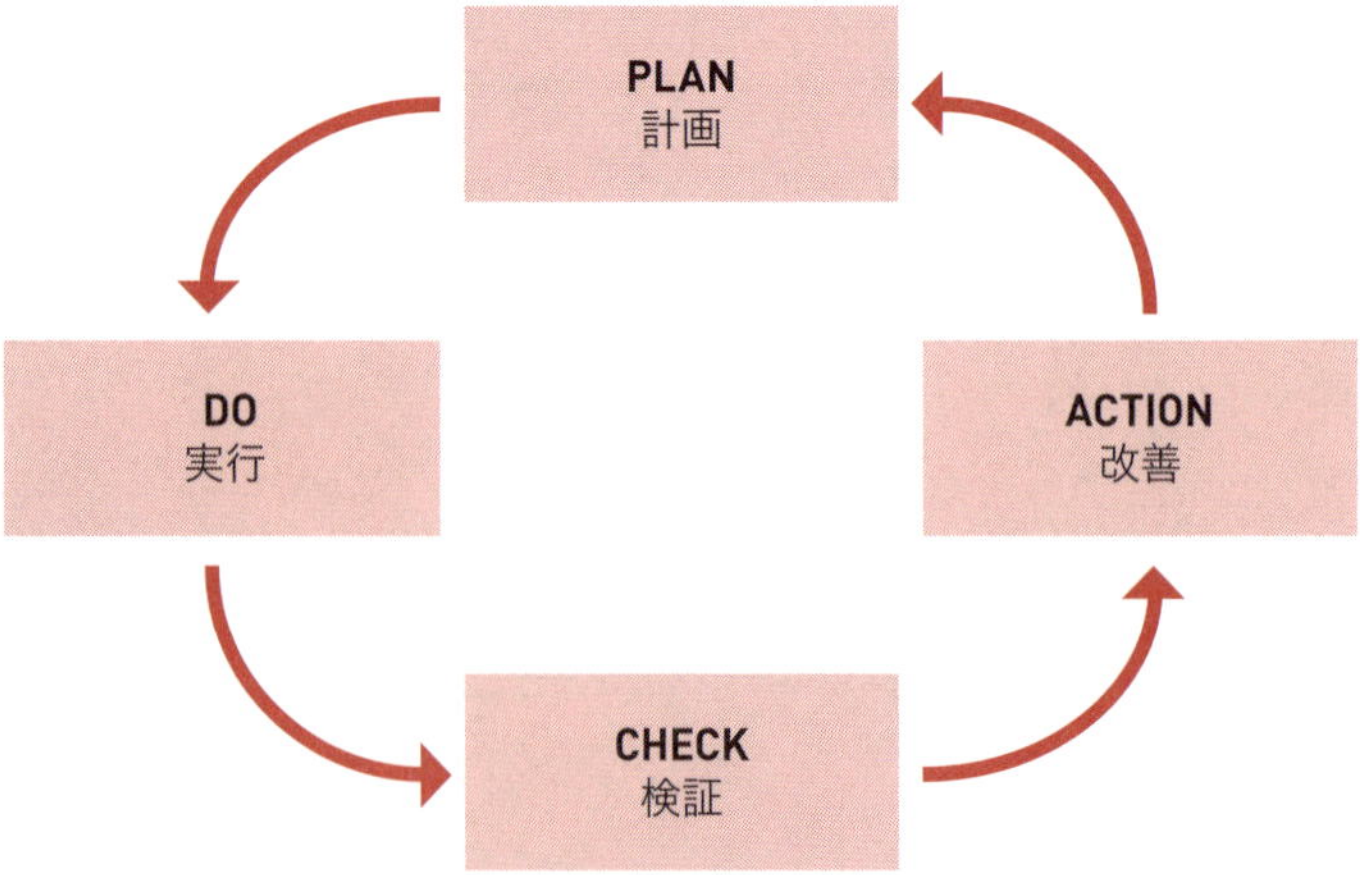

山の景色が思い浮かぶ。

そこで、2章からはPDCAの各フェーズについてステップごとに説明していくが、まずは全体像を掴んでいただこうと思う。

Ⅰ　計画（PLAN）

計画フェーズでは、まず最終的に到達したい山頂を決める。これをしないと何も始まらない。そしてそのゴールはできるだけ具体的であるべきだ。

定めるゴールは「いつかできるだけ高い山に登る」といった曖昧なものではなく、「1年後の今日、あの山の頂に立つ」というくらい明確にすべきである。なぜならゴールがはっきりすることで現在地とのギャップが明確になり、ギャップが見えれば自分がこの1年間でなすべきこと、すなわち数々の課題や取るべきルートが見えてくるからである。

課題とはルート選定であったり、持久力の増強であったり、登山費用の工面であったり、必要な装備を揃えることなどが考えられるだろう。また、現時点で見えているルートで山頂にたどり着けないかもしれないのなら、別のルートを探すことも課題になる。

「課題」が見えたらそれを解決するための大まかな方向性を考える。そこまでやって計画は終わる。

もちろん、ゴールが遠すぎると「課題」が見えづらいこともある。そのときは明らかに課題だとわかっていることはさっさと着手し、わからないことについては仮説を立て、動きながら計画精度を上げていくことである。

例えば、必要な装備がわからないからといって持久力アップのためのトレーニングを開始しない理由にはならない。こう書くと当たり前のように聞こえるが、現実には完璧な計画が立てられないと実行フェーズに移せない人が大勢いるのである。

計画はPDCAの5割を占める。考えてみれば当然だろう。

山頂を目指すべきなのに海に向かって歩き出したら一生たどり着かないし、冬山をビーチサンダルで登ろうとしても無理だ。もちろん検証フェーズでその誤りに気づけば修正できるが、計画をしっかりしていればそうした無駄な行為を事前に防ぐことができる。

また、ここで設定したゴール（ある山を登るというPDCA）は、俯瞰してみれば、例えば「7大陸の最高峰を踏破する」といったより大きな目標に紐付いたものである必要がある。つまり、「なぜそのPDCAを回すのか」という視点を忘れてはいけない。

2 実行（DO）

計画の段階で「課題をクリアするための解決案」が見えているので、実行のフェーズではそれを複数のアクションに分解し、さらにアクションを具体的なタスクレベルに落とし込んで、ひたすら実行に移す。

このときのポイントはアクションからタスクへの具体化を、なるべく迅速に行うことだ。例えば「持久力をつけないと」「経験者を探さないと」といったアクションの粒度でいくらわかっていても、日々の生活に追われていたり、単純に乗り気ではなかったりするのであれば、なかなか実行に移せない。ましてやゴールが1年後であればなおさらだ。

人は明確な基準が与えられない状況下では、常に「気楽さ」と「緊急性」の2つの基準だけで行動を決めてしまいがちだからである。

でも、それらの抽象的なアクションを「毎日、朝6時に起きて5キロ走る」「今日、夕食後の2時間を使ってネットで検索する」といった具体的なタスクとしてスケジュールを押さえてしまえば、もはややらざるを得ない状況に自分を追い込むことができる。加えて、やることが具体的だと、取り組む意欲が増すという大きな効果もある。

計画フェーズで失敗する人が5割なら、実行フェーズで失敗する人は3割。その3割のうち、7割くらいの人は、実は抽象的なままアクションを抱え込んで実行に移せていないケースである。

アクションがわかっているのにタスク化していないという理由だけでPDCAサイクル

が遅れることは究極の無駄である。逆に言えば、ここを意識するだけでもＰＤＣＡサイクルはかなり速く回るようになると言っていい。

当社のミーティングでも「こうしたほうがいいよね」といった調整案などが出てきたら、極力その場でタスクに分解して担当者を決め、割り振るようにしている。

3 検証（CHECK）

計画フェーズで考えたルートも課題も解決案も、さらには実行フェーズで考えたアクションもタスクも、実際には仮説にすぎない。「いまある情報のなかで考えられる最適解」にすぎないからこそ、それが最適解であるかどうかの定期的、かつ頻繁な検証が必要になるのだ。

検証をしなくても実行のサイクルは回り続ける。ＰＤＣＡサイクルというと、Ｐから順にくるくる回すものだと単純化して理解する人がいるが、実際のＰＤＣＡサイクルは、いざ最初の計画を立ててしまえば、その後の主体は実行サイクルであり、そこに随時、検証や調整をかけ、場合によっては計画を修正するものである。よって、検証をしなくても最初に計画を立てたのだからなんとなくゴールに近づいている（ＰＤＣＡが回っている）感覚がある。

実はそれが罠である。

毎日、早起きしてジョギングを続けてはいるが、実はすでに十分な持久力がついているかもしれない。だとすればジョギングの優先度を下げて、ロッククライミングの技術習得に時間をかけたほうが賢明なはずだ。

または、ネットで情報収集をするよりも、登山家サークルに入っていい人を紹介してもらったほうが早くて確実かもしれない。

こまめに検証を行うことで「実行サイクルの無駄打ちを減らす」ことができるのだ。

実行サイクルにいるときに自分の仮説に自信がないと、せっかく目標を立ててもモチベーションが上がらず中途半端な結果に終わりかねない。だから実行時は自信を持つことが重要だ。

一方で、検証をするときだけはいったん自分の仮説を疑う客観的な目線、つまり「もっと効率的な方法はないのか？」「他にやるべきことはないのか？」「見えていない課題が潜んでいるのでは？」といった問いを持つことが重要になる。

実行するときは自信満々で。検証するときは疑心暗鬼で。

これがＰＤＣＡの基本である。

4　調整（ADJUST）

本書では一般的に「改善」「ACTION」と呼ばれている4つ目のフェーズの呼称を「調整」「ADJUST」にしている。これはリーン開発で有名なパスカル・デニス氏が使っていた呼び方で、PDCAの実態により近いと思われるので採用した。はじめてPDCAという概念を聞く人は、たいてい「DOとACTIONはどちらも『する・やる』という意味だが、何が違うのか？」と混乱する上、日本語表記として一般化している「改善」も、良いことをさらに伸ばす伸長案が抜け落ちてしまう恐れがあり、正確ではないからである。

検証結果を踏まえて次のサイクルに渡す調整案を考える。調整案といっても以下の4種類がある。

・ゴールレベルの調整
・計画レベルの大幅な調整
・解決案や行動レベルの調整
・調整不要

ゴールレベルの調整とは、情報収集と自分の現状を検証した結果、目指す山を変えたり、目標の期日を先延ばししたりする場合である。この場合は現在のPDCAは中止され、新たなPDCAが回り始めると思えばいい。

または、トレーニングは順調に推移していたが、諸事情で莫大な借金を背負ってしまって借金返済という大きな問題が浮上してきたとしよう。その場合の借金返済という問題は、山頂を目指すゴールからすれば課題のひとつではあるが、ゴールの重大さで言えば新たなゴールとして分離させたほうがいいだろう。このように、PDCAを回していると新たなPDCAが回り始めることはよくある。

計画レベルの大幅な変更とは主にいままで見えてこなかった課題が顕在化したときのようなことだ。先ほどの「借金返済」ほどの大きな課題ではなくても、例えば「現地で登山ガイドを見つけないといけない」という課題が急遽浮上したら、情報収集を一から始めて、解決案を検討しないといけないのでPDCAサイクルの速度はいったん遅くなる。

解決案や行動レベルの調整とは、実行サイクルの微修正のことである。大筋の計画は変えずに、やることの優先度を変えたり、方法をブラッシュアップしたりしながら、軌道修正をはかるイメージである。PDCAのサイクルを何度も回していくと精度が高まるので、徐々にこうした微修正だけで済むようになる。こうなるとPDCAサイクルは高速に回り続ける。

ときには検証した結果、すべてが順調に推移している場合もあるだろう。そのときは調整をしないこともある。ＰＤＣＡというと何かしらの改善が行われるイメージがあるが、絶えず経過観察をするのであれば、何も調整しない場合もあるのだ。

このように調整フェーズだけは検証結果次第で、扱う粒度はさまざまあることが特徴である。

なお、以上の一連のサイクルについては以下に1枚の図としてまとめてみたので、一般的なＰＤＣＡサイクルの図との違いをよく理解できるだろう。

図1-5　鬼速ＰＤＣＡサイクル

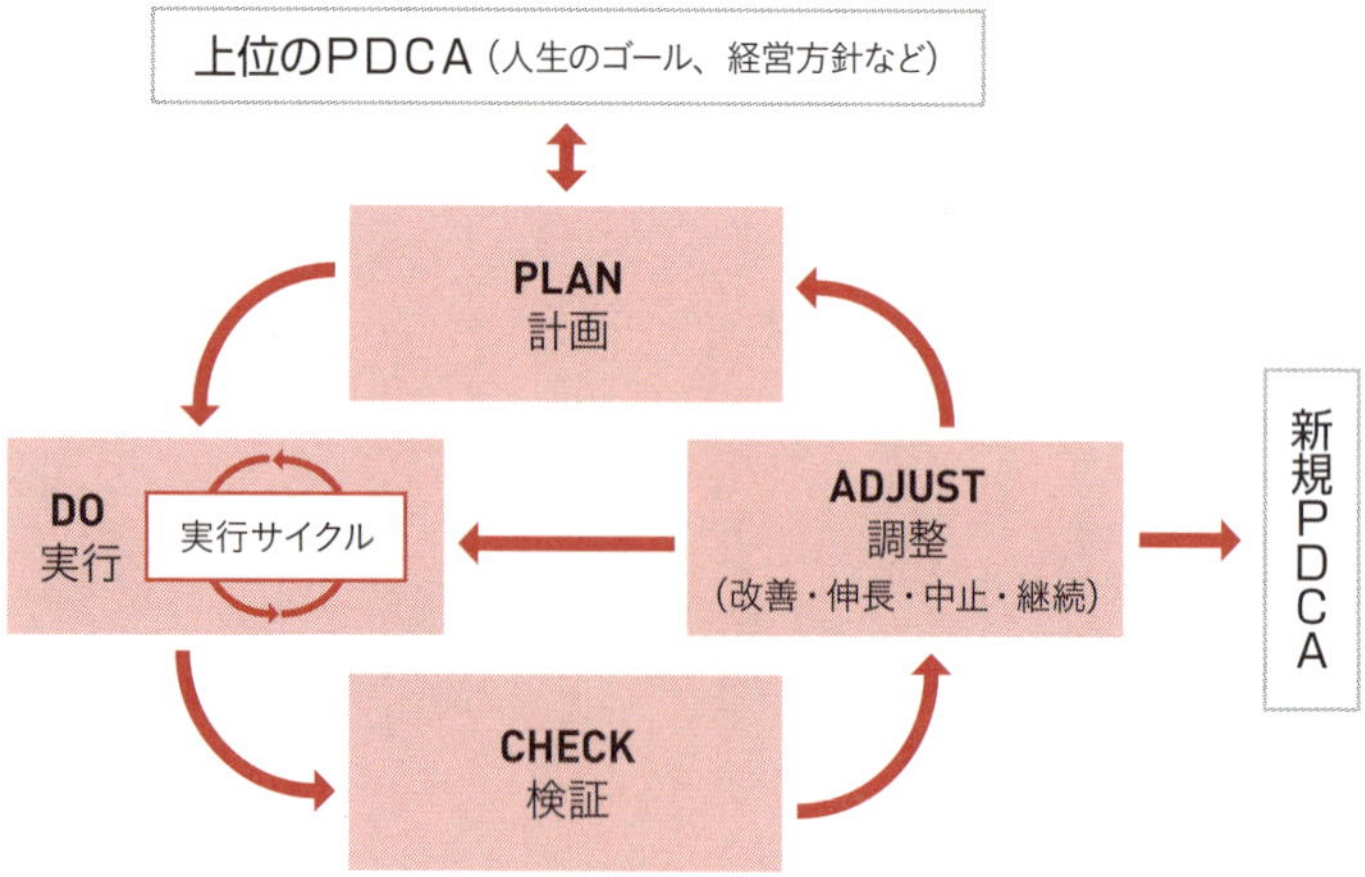

2章

計画初級編：
ギャップから
導き出される「計画」

慎重さと大胆さのバランスが肝になる計画

本章からいよいよＰＤＣＡサイクルの各フェーズの説明に移ろう。

最初は計画だ。私の感覚ではＰＤＣＡで失敗する人の50％はこの計画フェーズで失敗している。

失敗する原因は大きく分けて２つある。慎重になりすぎるか、雑になりすぎるかだ。このあたりは本人の性格や企業文化などで違いがよく出る。

石橋を叩いてなお、ためらってしまうような慎重派なら、計画と聞くだけで体がこわばる。「計画を立てるなら絶対に間違ってはならない」と思うからだ。

もしこれが会社で、新規事業を検討している経営者が慎重派だと、おそらく社員たちは延々と市場調査に駆り出されることになるだろう。その間にも市場はどんどん変化するというのにである。そして毎月の会議で議題に取り上げられては「もう少し様子を見よう」というお決まりの文句が発せられることになる。

こうしたリーダーがいる組織はＰＤＣＡサイクルが回りにくい。

かたや思いつきで動く人がＰＤＣＡを回そうとすると、計画が雑なまま動き出してしまって下流工程の実行フェーズで路頭に迷う。それに検証しようと思っても定量的に比較できるものがないので、（とくに物事がうまくいかないときに）その原因の解明がしづらい。

両極端ではあるが、両者ともＰＤＣＡを理解していないという点では同じだ。

過度の慎重さ、過度の心配はＰＤＣＡサイクルを遅くする。

過度の思慮不足、過度の日和見主義はＰＤＣＡサイクルの精度を落とす。

よってＰＤＣＡを回す人や組織に必要なのは、慎重さと大胆さの中間あたりなのだ。

もちろんこれは感覚的な話なので厳密な定義はない。だからこそ、自分がいま慎重になりすぎていないか、または大胆になりすぎていないかという自分のメンタルとの対話が重要になる。もし一方に寄りすぎていれば意図的にバランスを取るようにすればいい。

ちなみに、私は日々社内から上がってくる課題に対して判断を下す立場にいるが、不安で寝つけない夜は滅多にない。もちろん、ときには大勝負に出ることもあるし、そのときはいつもより慎重になる。しかし、社内で下す99％の判断はＰＤＣＡを回す前提に行っているので、「現時点で可能な限り精度の高い仮説を立てて間違っても仕方ない」くらいにしか思っていない。

あらゆることをＰＤＣＡで回していると、メンタル面での負担が軽くなる点も大きなメリットであると言えよう。

ステップ①　ゴールを定量化する（ＫＧＩの設定）

目的地のない旅は放浪であり、目的意識のない仕事は惰性だ。あらゆるＰＤＣＡは、たどり着きたいゴールを決めることから始まる。

ＰＤＣＡはどのような対象でも回せるのでゴールはなんでも構わないが、その際に注意してほしいポイントが３つだけある。

期日を切ること。定量化すること。そして適度に具体的なものにすることだ。

Ⅰ　期日を決める

期日が変わるとそれを実現するための戦略も変わる。

例えば、北海道を目指す旅をするのなら、半日しかないなら飛行機しか選択肢はないが、１週間以上かけていいなら自転車の旅もありうる。それでは検討すべき事項が増えすぎて収拾がつかない。

それに期日を決めないと危機感が生まれない。

「時間があったら英語の勉強でもしよう。そうすればいつか英検1級に受かるかも」

「目の前の仕事を全力でやっていれば、部長くらいにはなれるだろう」

「いつの日か世界から注目される企業に育て上げよう」

期日を決めないとどうしてもこういった積み上げ方式の発想になってしまう。しかし、これではただの出たとこ勝負である。

2　定量化する

ゴールは必ず数字に落とし込む必要がある。期日設定を含めて、定量化したゴールのことを本書では**ＫＧＩ（Key Goal Indicator）**と呼ぶことにする。

会社の目標数値や営業目標数値など、すでに数字に落とし込まれているゴールであればそのままゴールにすればいい。しかし、なかには定性的なゴールもある。例えば、出世したい、モテたい、名を残したいといったゴールは、すべて欲求であり思いである。しかし、ゴールを定性的な状態のまま据えると自分の成長度合いや進捗具合が確認しづらくなる。その結果、ＰＤＣＡの精度が甘くなる。

だから本来は定性的な目標であっても、それを数値化し、具体的に把握しやすい状態に置き換える必要がある。

定性を定量に変える具体例としては以下のようなものがあるだろう。

- 「痩せたい」→「体脂肪率20％未満」
- 「会社を大きくしたい」→「売上100億円」
- 「上司に認められたい」→「人事評価A」
- 「我が子に好かれたい」→「週に3回以上お風呂に入る」
- 「人気商品を作る」→「専用ページのいいね！の数、5000以上」

図2-1　定量化されたゴール（KGI）

営業編

3ヶ月後には月10件、新規開拓をしよう

英語編

3ヶ月後のTOEICで800点を目指そう

ちなみに当社の掲げる目標は「南極の氷を溶かすくらい熱い社会を作りたい」である。それを定量化したものが「時価総額100兆円企業」にあたる。

若干、難しいのが「チームの結束力を高めたい」「心に残る作品を作りたい」といった第三者の内面を対象にした場合である。そのときに用いるのがアンケートだ。内面的なものを定量化するのでアンケートは日本語で「定性調査」と呼ばれているのである。

3　ゴールを適度に具体的なものにする

これは長期的な目標、または大きな夢を持つなという意味ではない。1章で書いたように、壮大なゴールのままPDCAを回すと、結果的に下位のPDCAが雑になりかねないということだ。

これは先に挙げた「期日」の話と、「定量化」の話の両方に当てはまる。

期日に関して言えば、仮に「10年後には英語がペラペラになっていたい」と目標を立ててしまうと、選択肢があまりに増えすぎてしまって結局路頭に迷いかねない。10年もあれば海外に移住してしまったほうが早いかもしれないし、海外留学も可能だし、英会話学校に通い続ける選択肢もある。

ただ、そうかといって「1週間後に英語が上達していたい」というように、あまりに直近のゴール設定をしてしまうと今度は逆に打つ手があまりないし、成果も見えづらい。

理想は1〜3ヶ月後くらいだ。

これくらいの期間であれば人やチームが成長するには十分な期間があり（もちろん内容次第だが）、なおかつ環境が劇的に変わるということもあまり考えられないのでとるべき行動もイメージしやすい。イメージしやすいということはモチベーション維持がしやすいというメリットにつながる。

「定量化」に関して言えば、例えば経営者や営業マンが「年間売上高」の数値目標を立てたとしても、そのままPDCAを回してしまうとあまりに課題が増えすぎてしまい、施策が中途半端になりかねないし、検証も甘くなる。よって四半期ベースや月次ベースに分解することが基本になるわけだが、それでも粒度はかなり粗い。

それをさらに分解していくには「売上高」を構成する因子を考える必要がある。といっても何も難しい話ではない。売上といっても新規顧客数を増やすのか既存顧客の単価を上げるのかで方法は分かれるはずだ。現時点の売上構成を眺めていればどちらが最短ルートなのかくらいの仮説は立てられるだろう。

そこで新規開拓を増やすことがもっとも効果があると判断したら、実際に扱うPDCAのゴールは「月の新規開拓数30件」くらいまで具体的にしたほうがいいということだ。

もちろん、仕事であれば上長やクライアントから一方的に数値目標を言い渡されることが大半だろう。その場合でもゴールがあまりに粗い粒度で渡されたら、そのままPDCAを回すのではなく、適度にブレイクダウンしてから着手したほうが断然に高い精度でPDCAを回すことができる。

ステップ②　現状とのギャップを洗い出す

ゴールが決まったら、次は**現状とのギャップ**を確認する。

ここでさっそく威力を発揮するのが先ほど行ったゴールの定量化である。現状についても同じ基準で定量化することによって、ギャップは明確なものになる。

ただし、ここで勘違いしてほしくないのは、定量化のプロセスは検証精度を上げるために必須であると言っているのであって定性的なものを無視しろと言いたいのではない。

例えば、ある営業マンが新規開拓で月平均5件であるものを、自発的に、2倍の10件に増やしたいと思ったとする。

このときの定量的なギャップは「5件増」である。

一方で、定性的なギャップはなんだろうか？

もしかしたらこの営業マンは現状、営業に対して自信を持っていないのかもしれないし、過去にクライントに怒られた経験などからテレアポに対する恐怖心を抱いているのかもしれない。もしそうだとしたら、開拓件数を2倍にしたいというゴール設定の背景には「自分にもできることを証明したい」、または「過去のトラウマをぬぐい去りたい」という思いがあるかもしれないわけだ。

こうした思いはＰＤＣＡサイクルにおいては検証の対象とはならないし、よく見かけるＰＤＣＡサイクルの図にもまったく反映されない。

図2-2　ゴールと現状のギャップ

営業編

先月までは平均 5 件なので、2 倍にしないといけない

英語編

前回の TOEIC は 600 点だったので、
200 点アップをしないといけない

しかし、実際にＰＤＣＡを回すときにこうした思いは、それを回し続けるモチベーションの源になる。だから定性的だからと言ってわざわざ切り捨てる必要はない。もし読者が経営者や管理職であれば、社員や部下の定性的な側面をムゲに扱ってはいけない。

ステップ③　ギャップを埋める課題を考える

ゴールと現状のギャップが見えたら、その**ギャップを埋めるための課題**を考える。

ギャップが大きければ大きいほど必然的に課題は増えることになるし、第三者と連携し合いながらひとつのゴールを目指すときは、互いの利害関係の擦り合わせ（つまり課題抽出のためのミーティング）も当然、必要になるだろう。

課題といっても、自分に足りないことばかりを考える必要はない。自分の得意分野を強化することでギャップが埋められるなら、それも立派な課題である。

個人レベルでＰＤＣＡを回す場合は次のような問いを自分に投げかけながら、頭に思いつくことを紙やホワイトボードに書き出してみることをおすすめする。

・「ゴールから逆算すると、自分は何をすべきなのか？」
・「この道を進むとしたら、何が不足しているのか？」
・「前進を加速するために、伸ばせる長所はないか？」
・「あらかじめ手を打っておくべきリスクはないか？」
・「周りでうまくいっている人は、どんな工夫をしているか？」

チーム単位で動いているのであれば、全員で知恵を出し合って思いつく課題をポストイットなどに書いて壁にどんどん貼りつけていくといいだろう。その際、具体的であろうと抽象的であろうと気にしないこと。また、そこで出る他人の意見を否定することはご法度である。課題は自分が想像していなかったところに潜んでいる場合が往々にしてあるので、活発に意見が出る雰囲気にすることが何よりも重要だからだ。

課題抽出は正確に、かつ漏れなく行うことが理想ではある。鬼速でＰＤＣＡを回すにはこの段階でいかに物事を整理し、深い分析ができるかが重要である（その方法については3章の応用編で説明する）。

ただ、いくら情報を集めて課題やギャップを正確に把握しようとしても、完全な把握などまずできないと思ったほうがいい。むしろ、課題抽出に自信が持てないからPDCAサイクルを回せないのであれば本末転倒だ。

仮にここで課題を見落としていても、定期的に検証を行っていれば、どこかの段階で「もしかして他に課題があるのでは？」と気づくことができる。

むしろ、課題を洗い出すためにPDCAを回すという意識が重要なのだ。

図2-3　課題のアウトプット

営業編

・プレゼン勝負になると勝てない
・スケジューリングが下手で1日に3件しか回れない
・ヒアリング能力が低い
・早口になってしまうことが多い
・第一印象が悪い

英語編

・長文問題を読むのに時間がかかる
・ビジネス表現に疎い
・リスニングが弱い
・わからない単語が多い
・試験で緊張してしまう

ステップ④　課題を優先度づけして3つに絞る

ゴール設定にもよるが、一般的に課題をリストアップするとかなりの数になるはずである。そのすべての課題をこなせれば理想的だが、このあと、それらの課題をアクション、そしてTODOに分解していくと、実際にやるべきことは倍々ゲームで増えていく。

人はタスクを同時に抱えすぎるとフォーカスポイントが曖昧になって成果が思うように出せなくなる。

よって重要なのは適宜、選択肢をふるいにかけ、**「やらないこと」を決めると同時に、「やること」について優先度づけを行うことである。**

さて、ここではステップ②でリストアップした課題のなかから、これぞと思われる課題を絞り込む。

そのときに使う基準は3つある。

インパクト（効果）、時間、そして気軽さだ。

インパクトと気軽さについてはABCの3段階評価を振り、時間についてはその課題をクリアするために要すると思われる**工数（延べ時間や日数）**を考え、最終的には各課題に優先度を、こちらもＡＢＣの３段階で振っていく。

そして最終的には３つの課題に絞り込みたい。これ以上多いとＰＤＣＡが重荷になりすぎる恐れがあり、逆にこれより少ないと重要な課題を取りこぼす恐れがあるからだ。

それぞれの基準の説明と優先度づけのコツについて触れておこう。

Ⅰ　インパクト（効果）

ゴール到達にもっとも大きく効果がありそうなものからＡをつけていく。優先度を決める際の最重要基準になる。

図2-4　絞り込まれた課題

営業編

	インパクト	時間	気軽さ	優先度
プレゼン勝負になると勝てない	B	1ヶ月	A	B
スケジューリングが下手で1日に3件しか回れない	A	1ヶ月	B	A
~~ヒアリング能力が低い~~	~~B~~	~~3ヶ月~~	~~C~~	~~C~~
~~早口になってしまうことが多い~~	~~C~~	~~1wk~~	~~B~~	~~C~~
第一印象が悪い	A	2wk	B	A

英語編

	インパクト	時間	気軽さ	優先度
長文問題を読むのに時間がかかる	A	3ヶ月	A	B
~~ビジネス表現に疎い~~	~~B~~	~~3ヶ月~~	~~B~~	~~B~~
リスニングが弱い	A	3ヶ月	A	B
わからない単語が多い	A	3ヶ月	A	A
~~試験で緊張してしまう~~	~~B~~	~~?~~	~~C~~	~~C~~

それを実際にどうやって実現するかについてはあとあとのステップで考えることなので、現時点では純粋に「これがクリアできたら理想だよね」と思える課題からAをつけていけばいい。

巻末に用意した10分間ＰＤＣＡを試してみればわかるが、ここでありがちな事態として、すべてにAをつけてしまうことがある。なんの効果もない課題を書き出す人はいないはずなので気持ちはわからなくはないが、それでは優先度の意味がないので、すべてAだとしたら、「そのAのなかでの、Ａ・Ｂ・Ｃ」と分けていく必要がある。

もちろん、情報が少なくて課題の達成がもたらすインパクトが比較しづらい場合もあるだろう。

例えば、ダイエットで10キロ減らしたいという人が「運動をしないといけない」と「食事制限をしないといけない」という２つの課題のどちらが大事なのかと言われたら、即答できない可能性もある。

でも、そのような状況になったらネット検索くらいは誰でもするはずだし、今後もＰＤＣＡを回し続けるのであれば、それくらいの手間など大したことはないはずだ。

もちろん、ネット検索をしてもなお、答えがわからないこともある。

そのときは自分にとってもっとも納得感があった説を選んでみればいいだけである。

ＰＤＣＡは仮説思考であり、仮説が間違っていたらあとで課題設定を変えればいいだけの話だ。

2 時間

ここでいう時間とは「その課題をクリアするまでにかかると想定される時間」のことである。

課題レベルの話のため「1日に割く時間 × 日数」といった工数の計算は難しいはずなので、課題が達成されるまでに要する「期間」を考えればいい。「1週間くらいかかりそうかな」「1ヶ月はかかりそうかな」くらいの粗さで構わない。

時間がまったく見えない課題の場合は、「?」マークで処理すればいい。

また、ゴールの期日直前まで継続するような勉強系の課題であれば、期日をそのまま時間に記入すればよい。

ちなみに、課題が「時間効率」にまつわる場合は、その課題を達成することで生まれる時間は「インパクト」であり、ここでの時間とは「時間効率を上げるまでに要する期間」を考えれば良い。

ここで重要なことは、あらためてゴールで設定した期日を意識することである。インパクトの大きい解決案があったとしても、どう考えても期日までに間に合わないものであれば、この時点でリストから消しておくといいだろう。

3　気軽さ

少ない予算（や組織であればマンパワー）で着手できるものや、リスクが少なそうなもの、または心理的な障壁が低いものから重みをつける。

心理的な障壁を含むことについては賛否が分かれるところだろうが、少なくとも個人でPDCAを回しているなら無理をしてまでもやりたくないことをやる必要はないと思っているし、むしろ気軽にできそうなものからどんどんやっていけばいいと思う。やはり人間は気持ちが乗るものならいくらでもできるし、継続することも苦ではないからだ。

また、どうしても気乗りがしないものに関しては、外部の協力を得る、または同僚などとコミュニケーションをとって、仕事をスイッチングしてもらう、または振るという選択肢も検討すべきである。

優先度づけのヒント

さて、3つの指標を書き込んだら、いよいよ優先度を振って3つに絞る。

　このとき、各基準の重みづけは各自が任意で決めて構わない。企業であれば、この判断基準の重みづけにその会社の個性が現れるといっていい。

　私がおすすめする選び方は以下の通りである。

①インパクトのもっとも高いものを最低でもひとつ選ぶ
②インパクトが劣っても短い時間でできそうなものがあれば選ぶ
③同列の課題が並んでいたら、気軽さを基準にして絞り込む

「気軽さを指標にしてしまうと易きに流れて成果が出ないのでは？」という指摘もあるだろう。

　ただ、ここで気乗りしない課題を切り捨てて、気軽にできるものだけを着手したとしても、検証フェーズで効果が出ないことがわかれば結局は課題を入れかえることになる。

　でもそのときは気軽にできるものはすでに試したあとなので、いままで気乗りしなかった課題であっても「やらざるを得ない」状況になっているわけであり、場合によっては「やっぱりこの課題をクリアしないといけないんだ」と状況が整理されることで、いままで気乗りしていなかったものであっても前向きな姿勢になっていることもよくあることで

ある。

ちなみにこのステップでは課題をふるいにかけたが、この後も解決案についてふるいをかけるし、解決案をアクションに分解したものについてもふるいをかけるし、検証を行った結果の調整案についてもふるいをかける。

４回も優先度づけを行うことを面倒に感じるのも無理はない。しかし、ＰＤＣＡが肥大化して、中途半端な状態で破綻しないようにするためには不可欠な作業である。

それに、実際に私たちはさまざまな課題を抱えながら生活を送っている。何もひとつのＰＤＣＡサイクルだけに全力を傾けられるわけではないし、時には気が滅入るほど時間に追われることもあるだろう。

そんなときに「すべてをやる必要はない。でも、優先度の高いことだけはやろう」と割り切れることは非常に大事なことだと思う。そのための優先度づけだと思えば、こうした手間も建設的に思えてくるはずだ。

ステップ⑤　各課題をＫＰＩ化する

課題が絞り込まれたら、次はそれらの課題を数値化していく。

みなさんご存知の**ＫＰＩ（Key Performance Indicator）**、つまり結果目標である。ゴールの定量化と同じで、検証フェーズで客観的に進捗状況を把握するためのものであり、ゴールに近づくための「サブゴール」のことだと思えばいい。

数値化しやすいものであれば比較的簡単だが、若干厄介なのが定性的なものだ。

例えば、「社員のモチベーションが低いこと」のような課題だ。

場合によっては人事コンサルティング会社を使ってアンケート調査を行う前提で、「モチベーションが高い社員の割合を７割にする」ことがＫＰＩになるかもしれない（そのためには現状の把握が必要なので、アンケートは最低２回行う必要がある）。

しかし、「部下から心を開いてもらえない」という課題だとなかなかアンケートは難しい。でも、どのような課題であってもＫＰＩ化はできる。

例えば「１日に５分以上、雑談できたかどうか」といった基準で数値を追うこともひとつの手段だし、自己評価で「今日は部下から自分にどれだけ話しかけてくれたかどうか」で点数づけをし、週平均の数値を追うこともできる。

この場合であれば、私は後者をおすすめする。

さすがに対話ができたかできていないかは自己評価であっても間違えることはないので、自己評価であっても基準が曖昧になることはないだろう。

また、課題をＫＰＩ化しようとすると、たいていの場合、複数の選択肢が考えられる。すべてのＫＰＩを追う必要はないので、この時点で各課題のＫＰＩをひとつに絞るといい。

ＫＰＩを絞るときに使う基準は、できるだけ頻繁に検証でき、なおかつ成果がその数値に正確に反映されるものである。

例えば英語の勉強をしているときに、演習問題の正解率は確かに成果を反映したＫＰＩではあるが、例えば単語力を鍛えることが課題のときにリーディングの演習問題をＫＰＩにしてしまうと、純粋に単語力が伸びたのかどうかわかりづらいし、検証をするためには演習問題を解かないといけない。それよりも、巷に溢れている単語テストアプリを使って、その正解率をＫＰＩに使えば、単語の勉強の成果を正確に反映できる上に検証も楽である。

図2-5 課題のKPI化

営業編

課題	KPI
プレゼン勝負になると勝てない	プレゼンの勝率　30% → 50%
	~~上司からお墨付きをもらう　0回 → 1回~~
スケジューリングが下手で1日に3件しか回れない	アポイント　1日3件 → 6件
第一印象が悪い	**受付突破率　5% → 15%**
	~~自己評価でAを付ける割合　60% → 100%~~

【最重要KPI = 受付突破率】

英語編

課題	KPI
長文問題を読むのに時間がかかる	~~長文読解速度　60文字／分 → 80文字／分~~
	TOEICリーディングPart 7の設問を1分で解ける割合　70% → 90%
リスニングが弱い	~~リスニングパート演習問題300点 → 400点~~
	リスニング演習アプリの正解率70% → 80%
わからない単語が多い	~~単語数7000語 → 9000語~~
	単語練習アプリの正解率60% → 80%

【最重要KPI = 単語の正解率】

また、ＫＰＩはあくまでも「目指すべき結果」であって、行動の目標ではないことも付け加えておく。

先の例で言えば「笑顔のトレーニングをするセミナーに参加する」ことや「部下全員に1日1回会話を仕掛ける」ことは行動目標であり、次の実行フェーズで設定するものなので混同しないように気をつけたい。「セミナーにいった結果、どうなりたいか」「会話を仕掛けた結果、どうなりたいか」の『どうなりたいか』の基準となるものがＫＰＩである。

ＫＰＩで大切なことをもうひとつだけ付け加える。

3つの課題からは3つのＫＰＩが決まることになるが、そのなかから「最重要ＫＰＩ」を定めておくことが重要である（ステップ③でもっともインパクトが高い課題のＫＰＩが、それに該当するはずだ）。新規開拓営業なら往々にして最重要ＫＰＩは「新規開拓件数」に影響するＫＰＩであり、ＴＯＥＩＣであれば「覚えた単語の数」に直結するＫＰＩであろう。

最重要ＫＰＩとはそれを達成できた暁にはゴールに大きく前進するサブゴールであるが故、その他のＫＰＩとは別格扱いにするべきだ。毎日検証をする必要はないかもしれないが、ベタな方法ではあるものの、紙に書いてオフィスに貼り出したり、少なくとも毎日数字を追うくらいの、徹底した意識づけをはかりたい。

ステップ⑥ ＫＰＩを達成する解決案を考える

ＫＰＩを決めたら、その数値を達成するための解決案を考えないといけない。解決案とは「大まかな方向性」のことだと考えてもらえばいい。ここで考えた解決案は、この先の4章で解説する実行フェーズで、一段具体的なアクション（DO）へと分解され、さらに具体的なタスク（TODO）に落としこまれていく。解決「策」とするとＤＯやＴＯＤＯと混同すると思って、あえて解決「案」としてある。

ＫＰＩによっては解決案が共通する場合もあるので、解決案を書き出すときはＫＰＩごとに分けて書く必要はないが、ひとつのＫＰＩにつき、最低ひとつは案を考えるべきである。また、ほとんどの場合はひとつのＫＰＩから複数の解決案が出てくるはずだ。とくに課題が抽象的であればあるほど解決案も多岐にわたる可能性が高い。

また、課題（ＫＰＩ）によっては解決案が明確な場合もある。

例えば勉強や仕事のスキルセットに関するものであれば、解決案はそのテーマについての教材を探し、時間を確保してひたすら勉強をすることである。このように、「やるかやらないか」によって成果が変わる課題（ＫＰＩ）については答えが出しやすい。

厄介なのは「フォロワーを増やす」（ＫＰＩ：ＳＮＳの企業ページの「いいね！」を１００件に増やす）といった他人の感動に関わる課題や、「チームの実行スピードを上げる」（ＫＰＩ：電話アプローチ件数を50％増）といった複雑な要因が絡み合っている課題の場合である。

そうした一筋縄ではいかない課題については、「なぜ現状、そうなっているのか」という要因分析が必要になる。その際、解決案のアイデアがすんなり出てこないということは、要因は自分の視野の「外」に隠れている可能性が高い。

そこに気づくためには自分の思い込みを取り払う必要があるわけだが、それを一人で行うことはなかなか容易ではない。こうしたときに本や先輩・上司、アドバイザー、コンサルタントなどの「外部の目」の出番になる。

そうした外部の協力を得てもなお、自信の持てる解決案がわからない場合もあるだろう。時間的な制約や人的・金銭的リソースの制約からそこでの判断に一点張りしないといけないようなケースであれば、必死に悩めばいい。しかし、そのようなケースは滅多にないし、もしそうだとしたらそれは計画と実行で完結してしまう話なので、そもそもＰＤＣＡと呼ぶべきなのかも怪しい。

図2-6 KPIを達成するための解決案

営業編

【最重要KPI＝受付突破率】

KPI	解決案
プレゼンの勝率 30%→50%	優れたパワポを取り寄せて分析する
	プレゼンがうまい先輩に同行させてもらう
	同僚に擬似プレゼンをしてフィードバックをもらう
アポイント 1日3件→6件	業務の無駄を見つけ、省く
	後輩に回せる仕事を回す
	タクシーの利用許可を上司に打診する
受付突破率 5%→15%	**笑顔を鍛える**
	発声トレーニングのセミナーに行く
	営業術の本をたくさん読んでヒントを探す

英語編

【最重要KPI＝単語の正解率】

KPI	解決案
TOEICリーディングPart7の設問を1分で解ける割合 70%→90%	長文問題の過去問を何回も解く
	毎日英字新聞を読む
	1問50秒で解く練習をする
リスニング演習アプリの正解率 70%→80%	教材音源を毎日聞く
	洋画をたくさん観る
	オンラインで個人指導を受ける
単語練習アプリの正解率 60%→80%	**単語帳を買ってひたすら覚える**

もしその後に修正のチャンスがあるのであれば、**解決案に確固たる自信がなくても、さっさと実行に移して検証すればいいのだ。**その際はもちろん、仮に仮説が間違っていても、致命傷を負わない程度にリスクを抑える必要はある。

こうしたPDCAの考え方は、いずれもベストセラーになった内田和成氏の『仮説思考』（東洋経済新報社）や、エリック・リース氏の『リーンスタートアップ』（日経BP社）の考え方と限りなく近い。すなわち「これかな？」と思ったらさっさと検証してブラッシュアップしていけばいい、という考え方だ。

保守的な組織や、頭の固い上司の元でPDCAが回りづらいのは、失敗が悪者扱いされているからだ。そうした職場では決まってこのような質問がドミノ倒しのように飛び交う。

「これで間違いないな？」

1回きりの勝負に出るなら担当者の本気度を確認すべくこうした質問をしてもいいと思うが、失敗してもかすり傷程度のものでもいちいち念押しをしてくる上司がいる。あとあとの責任を回避するために打つ布石である。これでは末端の社員が萎縮して当然だ。

日本企業は動きが遅いと言われる最大の原因である。

ステップ⑦ 解決案を優先度づけする

最初はたったひとつのゴールから始まったこの計画フェーズも、ここまでくると複数の解決案が紙に並ぶ状態になる。

ここに残った解決案は少なくとも「やったほうがいいもの」(Nice to have) 以上のものであるはずなので、理想はすべて実行に移すことであるが、すべてを抱えて中途半端に終わりそうなら、ステップ③と同じように**「インパクト」「時間（工数）」「気軽さ」**の3つの基準で優先度をつけていく。

ただ、先ほどの課題の絞り込みのときと異なる点が2つある。

ひとつは、最重要KPIの達成につながる解決案については最低1つ、できれば2つ残すこと。

それに以外のKPIについても、できれば最低ひとつの解決案を残すことが望ましいが（つまり、最終的には4つの課題を同時に解決にあたるくらいが理想）、PDCAサイクルは回し続けるものなのでとりあえず最重要KPIについては行動を起こして、まだ余裕があったり、またはテコ入れが必要だと判断したときに解決案を追加しても構わない。

また、「時間（工数）」については、実際の作業にかかりそうな延べ時間（1日ごとに費やす時間×日数）を書くといいだろう（どうしてもわからない場合は「?」でも構わない）。ここで工数を書き出すのは厳密な比較をするためではなく、「すぐにできそうなもの」をできるだけ切り捨てないためである。

最終的な優先度をつけるときの判断基準を整理するとこうなるだろう。

① 最重要ＫＰＩについては最低ひとつ、できれば2つ以上残す
② それ以外のＫＰＩについてもできればインパクト重視で解決案をひとつは残す
③ 短時間で終わるものについてはインパクトが弱くても残す

なお、ここで切り捨てた解決案については、あとあとのサイクルで復活する可能性もあるので、書き出したものを捨てないように気をつけたい（これは他のステップにもいえることである）。

図2-7 絞り込んだ解決案

営業編

【最重要 KPI ＝受付突破率】

	インパクト	時間	気軽さ	優先度
~~優れたパワポを取り寄せて分析する~~	~~B~~	~~10hr~~	~~A~~	~~B~~
~~プレゼンがうまい先輩に同行させてもらう~~	~~B~~	~~10hr~~	~~C~~	~~C~~
同僚に擬似プレゼンをしてフィードバックをもらう	A	2hr	B	A
~~業務の無駄を見つけ、省く~~	~~A~~	~~1wk~~	~~C~~	~~A~~
後輩に回せる仕事を回す	A	1hr	B	A
タクシーの利用許可を上司に打診する	B	0.1hr	C	B
笑顔を鍛える	B	?	A	B
発声トレーニングのセミナーに行く	C	3hr	B	C
営業術の本をたくさん読んでヒントを探す	A	10hr	B	A

英語編

【最重要 KPI ＝単語の正解率】

	インパクト	時間	気軽さ	優先度
長文問題の過去問を何回も解く	A	30hr	A	A
~~毎日英字新聞を読む~~	~~B~~	~~90hr~~	~~C~~	~~B~~
~~1問50秒で解く練習をする~~	~~A~~	~~30hr~~	~~B~~	~~B~~
教材音源を毎日聞く	A	?	A	B
~~洋画をたくさん観る~~	~~C~~	~~40hr~~	~~A~~	~~C~~
オンラインで個人指導を受ける	A	12hr	A	A
単語帳を買ってひたすら覚える	A	90hr	B	A

ステップ⑧ 計画を見える化する

以上で基本的な計画は立てられたはずである。

もしチームでＰＤＣＡを回している場合は、ここまでのプロセスをできる限り共有すること。とくに計画者と実行者が異なるときに実行者に解決案だけをポンと渡したところで「仕事は振られたが、なんのための仕事なのかわからない」といったありがちな事態が起きる。実行者のモチベーションはチームの実行スピードに直結するのできわめて重要なことである。

また、個人でＰＤＣＡを回す場合でも、計画の文字通りの「見える化」、とくにＫＰＩを目立つところに書き出しておくことを強くおすすめしたい。

流れ星理論をご存知だろうか。

流れ星が消え去る前に夢を唱えると夢が叶うと言われているのは、ほんの1秒の間に夢を言葉に出せる時点で、それくらい夢が意識づけされている証拠だという話である。

エレベーターピッチも同じだ。たまたま投資家とエレベーターで乗り合わせて30秒の間に自分のビジネスプランを説明するには、四六時中そのことを考えていなければできない。意識づけがなされていると、脳内のゴールにまつわる領域が活性化しやすくなる。私は以前、ソフトバンクの株を買ったときにやたらとソフトバンク携帯が目についた経験があるが、それと同じようにゴールを意識づけすると生活のあらゆる場面がヒントの源泉になり、ＰＤＣＡを回し続ける動機づけにもなる。

私の場合は自室の張り紙はもちろんのこと、携帯のアラートで「今週目標10件！」といったように週の数値目標を表示させたり、利益目標を手帳の日付の欄に毎日書き込んだり、机の周りにポストイットをペタペタ貼ったりと、ゴールを自分の視覚に強制的に入れるためにあらゆる手段を使っていた。

これは自分に喝を入れる側面もあるが、それ以上に意識づけの効果が大きかった。意識づけの仕組みを作ることはＰＤＣＡを回すにあたって決して軽視できないことなのである。

上位ＰＤＣＡを再確認する

ステップ①の冒頭で、ゴールがないとＰＤＣＡは始まらないと書いた。

ここに付け加えたい質問が1つだけある。

「そもそも、なぜそのゴールを目指すのか?」

人はときに、長期的な目線を忘れて短期に走り、マクロな視点を忘れてミクロに走り、本質を忘れて形式に走る。とくに日々の業務に忙殺されている人や、昔からの慣習に縛られ思考停止に陥っている組織などに起きやすい。

よってPDCAを回し始める前に、あらためてその「背景」、つまり上位に位置するPDCAを意識することが大切になる。

確認した結果、起きうることは次の2つだ。

ムダなPDCAを回すことがなくなる

PDCAを変更するのは、例えば次のような場合だ。

友人が高級車を買ったのを見て「俺も1年以内にBMWを買おう」とゴールを決めたとする。そこで一度立ち止まって「なぜBMWが欲しいのか?」と自問自答した結果、実は単に「負け惜しみ」というあまり前向きではない欲求がその背景にあったとしよう。

そのときはさらに自問自答するのだ。

「自分はいったい何がしたいのか? 将来、どうなりたいのか?」と。

その結果はもしかしたら「将来、お金に不自由しない生活を送ること」だということに気づくかもしれない。だとすれば、いま手元にあるなけなしのキャッシュを一時の見栄のために使うのではなく、その分を投資に回して十分に余剰なキャッシュが生まれたら買えばいいという合理的な判断ができるだろう。

するとその時点で「ＢＭＷ購入」のＰＤＣＡが止まるが、同時に「投資でお金を増やす」という別のＰＤＣＡが回り始めることになる。

組織でありがちなのは、良かれと思って一部の有志が新しいことを始めてみたはいいが、実は経営陣の考える方向性とは真逆であるようなケースだ。

真逆であることを承知で、会社を変革すべく行うのであれば構わない。しかし、単なる浅い思慮のせいで、良かれと思ったことが逆の効果になってしまうこともある、それではもったいない。

これは視野の広さの問題だ。

どんな会社も何かしらの目標を立てて動いている。それを実現するために各部署が中ＰＤＣＡを回し、社員たちが小ＰＤＣＡを回しているイメージである。

よってＰＤＣＡを回すときはその価値があるのかどうかを適宜確認する必要がある。ホウレンソウが大事なのも、上司とＰＤＣＡのベクトルをすり合わせるためである。

それを怠るとせっかくのＰＤＣＡも徒労に終わってしまう可能性がある。

ＰＤＣＡに自信を持ってリソースをつぎ込める

上位ＰＤＣＡを再確認して起きうるもうひとつの可能性は、自分が回そうとしているＰＤＣＡについて自信を持てるようになることだ。

上司から簿記の勉強をすすめられ、半年後に簿記試験を受けると決めたとしよう。そこで自分に問いかけよう。「なぜ自分は簿記の試験に受かりたいのか？」と。

その時点で自分のなかには中長期の目標が明確に定まっていないかもしれない。いや、むしろ30年後の自分の姿を明確にイメージできる人はきわめて少ない。しかし、自問自答する行為は自分の内なるものと対話する絶好の機会である。

その結果として「会社の数字に強くなって、将来は経営者になりたい」といった長期的なゴールを持っていることがわかる（または再認識する）ことができれば、いま目の前に掲げている短期的な目標が中長期のベクトルに合致することがわかる。

当然、モチベーションが湧き、迷いもなくなる。

逆にいえば、中長期的に進むべき道がまったく見えないようでは、短期的なゴールであってもそれを全力で成し遂げようという前向きな姿勢になりづらい。

上位ＰＤＣＡをたまに振り返る効果は、実はかなり大きい。

ちなみにグーグルで採用しているＯＫＲ（Objectives and Key Results）の考え方はまさにこれである。すなわち、業務を進めるときはチーム内で必ず目標（Objectives）を明確にし、あらゆる行動はその目標に沿って行うべき、というものだ。業務が細分化した結果、目標（上位ＰＤＣＡ）を見失うことを防ぐためである。

また、ＯＫＲでは目標を意識するだけではなく、必ずその目標達成にリンクする最重要な数値（Key Results）を徹底して追うことを提唱している。ここでいう最重要な数値とは、鬼速ＰＤＣＡにおける最重要ＫＰＩのことである。

ときに思考のリミッターを外す

「自分にかけている制限は、ただの記憶だ」

『7つの習慣』を日本に紹介したことで有名な経営コンサルタント、ジェームズ・スキナー氏の言葉である。

人は自分の経験や知識（つまり記憶）を基に、「これくらいならできそうだ」「これはさすがにできない」と、自分の可能性に上限を設けようとする。

しかし、有名な「ノミの実験」（本来2mジャンプできるノミが、数日間、高さ50cmのカバーをかけられるとカバーを外したあとも50cm以上飛べなくなるという実験結果）のように、限界とは本人の思い込みにすぎないことが多い。

せっかくポテンシャルがある若い人やチームが、それを活かし切れていないケースをよく見る。

よってPDCAを回す際も、ときに非常識な計画を考えることが大切だ。

例えば次のような問いだ。

「3ヶ月後に会社の売上を5倍にするにはどうしたらいいか？」

いくら向上心のある経営者でも月商1億円の売上を3ヶ月で5億円にすることなど想像すらしないだろう。したとしても5年計画くらいの話かもしれない。

しかし、あえてリミッターを外して5億円を達成することを考えてみると、いままでとは比較にならない次元でのゴールと現状とのギャップ、およびその課題が見えてくる。それは、おそらく小さなPDCAを回すくらいでは対応できないレベルの話になるだろう。

まったく新しいビジネスモデルを生み出す必要があるかもしれないし、既存の商品であってもいままでとはまったく異なる売り方を考える必要があるかもしれない。

このとき9割のケースでは「やっぱり無理だ」という結論に至るだろうが、**残りの1割では「もしかしたら、あながち無理な話ではないかもしれない」と思えるかもしれない。**

それがブレイクスルーの入り口になる。

こうした気づきは自分の常識にとらわれすぎているとなかなか見えてこないので、リミッター外しの思考は、人や組織の成長に不可欠である。もっと言えば、起業家たちはこうした一見、絵空事のようなことを実現する人たちのことである。

私は昔からリミッターを外すことが習慣になっている。

野村證券に入社したときのゴール設定は、「1年目で3年目までの社員のなかで1位、2年目で7年目までの社員のなかで1位、3年目で全社員のなかで1位になること」だった。

結果的には全社員1位の座は取れなかったが、1年目と2年目はぶっち切りで3年目までの社員のなかで1位になれたし、3年目には7年目までの社員のなかで1位になれた。

その後、私はハーバードのビジネススクールに行くことをゴールに定めた。ろくに英語も話せない状態でのゴール設定だったので、周囲は呆れたはずである。結果的にハーバードなど欧米のビジネススクールを受けるチャンスはもらえなかったが、ゴールから逆算して鬼速でＰＤＣＡを回した甲斐あって、念願であった海外でのビジネススクールに会社派遣として行くことができた。

こうした経験から言えることがひとつある。

とてつもないゴール設定をするとその手前くらいまでは余裕で行けてしまう、ということだ。

PDCA内での案出しの幅も広がる

リミッターを外す対象はゴール設定だけではなく、解決案を考えるときも有効だ。

例えば私は社内で部下から相談を持ちかけられたときには、このような質問をよくする。

「他にできることがあるとしたらどういうことだと思う?」

これも一種のリミッター外しだ。そこで相手がひるまずに3つくらい解決案を挙げてきたら、「じゃあ、さらに3つあるとしたらなんだろう?」と続けて聞く。すると大抵、部下は「あと3つもあるの?」と驚いた表情をするが、私は「当然あるよね」と言わんばかりのポーカーフェースを決め込み、待つ。

ここまでいくと答えはすぐに出てこないが、そこでいったん私は手を貸さない。

部下の脳内では必死に思考のストレッチをしているわけだから、そこで「ないなら別にいいけど」など助け舟を出しては意味がない。

こうやって部下が絞り出してきたアイデアは、実際にかなりいい線を行っているものも含まれる。ほとんどの人はそこまで絞り出そうとしないので、そのきっかけを与えるだけで新たな突破口が見つかることになる。

または、このように質問することもある。

「事態は把握した。で、仮に君が当社の経営者だとしたらどう対応する？」

職域、職責といった制限を完全に取り払ってしまうのだ。ここでも相手は一瞬戸惑った表情をするが、そのあと熟考して面白いアイデアを提案してくることもあるし、その結果、「自分はいつも小さいＰＤＣＡばかり考えていたけど、実はもっと大きなＰＤＣＡを回したほうがいいんじゃないか」といったことに気づくケースもある。

こうしたコーチング手法については、８章２５９ページから、あらためて解説する。

ちなみに先ほど触れたノミの実験だが、50㎝しか飛べなくなったノミを再度２ｍ飛べるようにする方法は簡単で、その場に２ｍ飛べるノミを投入するだけなのだそうだ。脳のストレッチをすることによって自分も飛べることを認識できるのである。

鬼速クエスチョン

計画編

- あなたが達成したい目標はなんですか？
- なぜあなたはその目標を達成したいのですか？
- その目標はあなたの現状に対して低すぎる可能性はありませんか？
- 達成したい目標と現在の状況を比較すると、どのようなギャップがありますか？
- そのギャップを埋めるには、どのような課題が考えられますか？
- そのうち上位３つの課題は何だと思いますか？
- 課題を達成できたかをあとから定量的に振り返れるように課題を数値に置き換えるとどのようなものになりますか？
- その数値をクリアするためにどのような解決案が考えられますか？
- 解決案のなかで、効果、時間、気軽さの３つの観点から優先順位を決めると、どうなりますか？

3章

計画応用編：仮説の精度を上げる「因数分解」

ＰＤＣＡの速さと深さは因数分解で決まる

私のなかで、鬼速のＰＤＣＡとは、運転で例えれば「だろう運転」に近い。「安全運転」がゴールの現実の運転ではＮＧだが、「最速運転」がゴールのＰＤＣＡでは、高い仮説精度で大きな事故を避けながら、アクセルベタ踏みで「だろう運転」をしたほうが当然早く着く。

よって鬼速ＰＤＣＡには仮説精度の向上が欠かせないわけである。

そしてその仮説精度を支えるのが**『因数分解能力』**である。

数学で使う言葉になぞらえているが、要するに、**「ゴール」と「現状」を構成する因子をどんどんリストアップしていく考え方だ。**

因数分解というくらいなので私がいつも使うのは「式」である。

こうした数学的なアプローチでもいいが、文系の方でもわかりやすいのはロジカルシンキングでよく使われる「ロジックツリー」であろう。やることは同じなのでここではロジックツリーで説明したいと思う。

百聞は一見にしかず。下のロジックツリーを見てほしい。

最上端にくるのが因数分解の対象である。

一例としてここでは「いい上司」にしてある。もしいい上司になることが課題であれば、「どうやったらいい上司になれるか？」といきなり悩み始めるのではなく、まずは「いい上司とは何か」と因数分解していけばいい。おそらく「いい上司」といっても、「人間的に魅力がある」か、「ビジネス的に魅力がある」かで大きく分けられるはずだ。

そして「人間的な魅力」といってもさまざまな要素がある。

こうやって物事を分解することによっ

図3-1　ロジックツリーの例

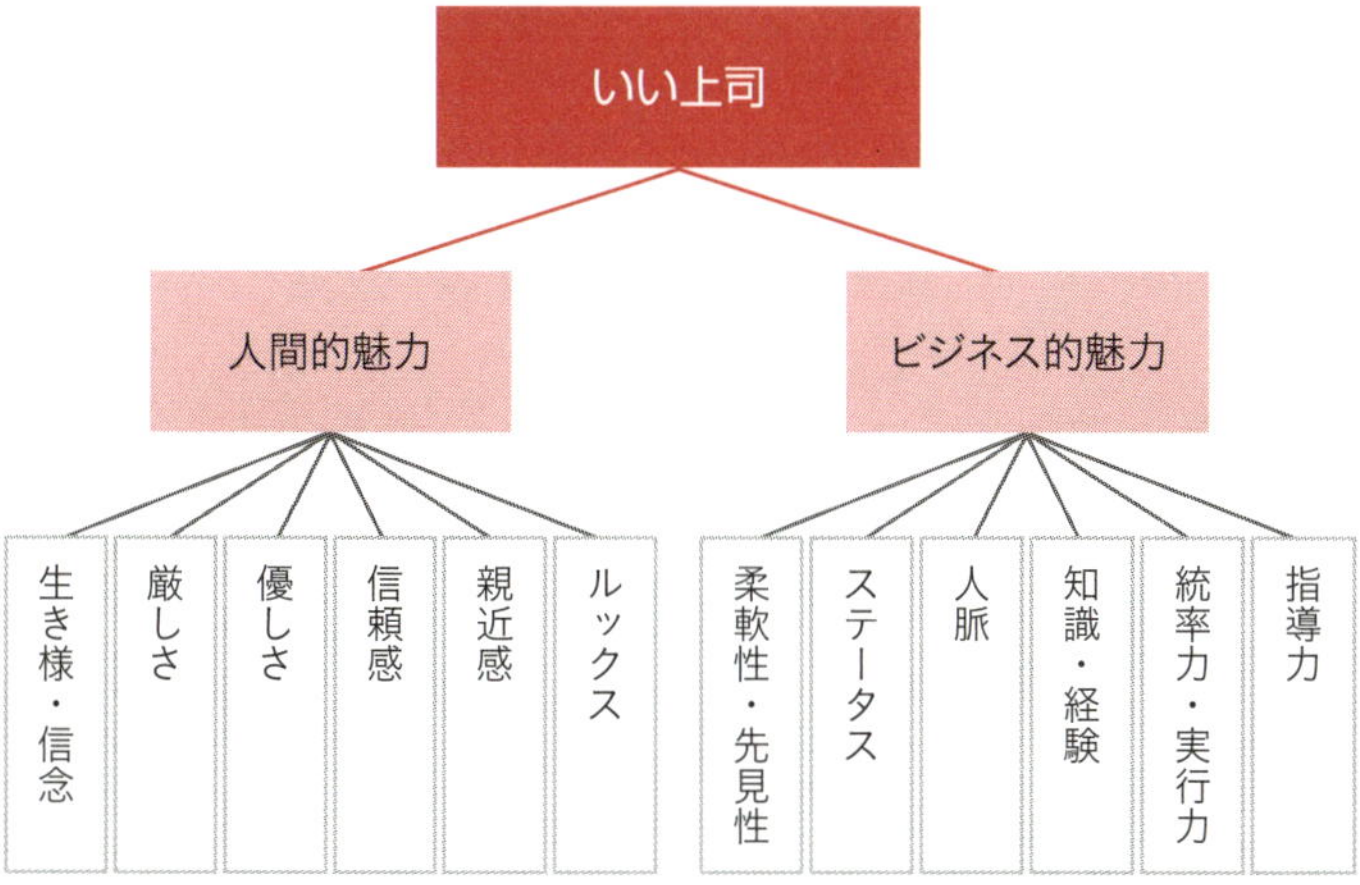

て、より具体的に、より個別の事象にフォーカスを当てながら課題をリストアップし、それぞれのギャップを把握し、解決案を立てられる。もちろん、課題を比較することによって、より最速かつ現実的なルート設定もできる。

ゴールが比較的シンプルであれば因数分解を意識しなくてもそれなりに成果は出せるが（だから初級編では踏み込んでいないのだが）、ゴール設定が高いもの、より大ＰＤＣＡに近いもの、または外的要因が複雑に絡み合っている難易度の高いゴールなどを成功させるには、どうしても因数分解（ロジックツリー思考）が不可欠になる。

因数分解のメリット

因数分解をするメリットには、次の５つがある。

１　課題の見落としを防ぐ

ＰＤＣＡを回しているのになかなか成果が出ず、その原因もわからないときは、いまの自分にはない視点から切り込む必要があるわけだ。

しかし、因数分解をせずに頭でひたすら課題や要因を考えても、せいぜい4、5個の視点しか持てないだろう。しかし、あるテーマを20個の因子に分解したら、それは「20個の視点を持った状態」と同じである。

よって因数分解能力を鍛えると課題の見落としが劇的に減る。仮説精度を高めていくにはこの効用はきわめて大きい。

2　ボトルネックの発見がしやすい

因数分解を何回かしていけば、現状とのギャップが大きくて、なおかつそれを是正したときのインパクトが大きいいわゆるボトルネックが、ピンポイントで浮かび上がってくる。ぼんやりと課題に取り組むよりは、そのピンポイントに手間と時間と金を注力したほうが、アウトプットが増大するのは当然だ。

3　KPI化しやすい

課題が具体的になればその定量化もたやすい。例えば営業成績のアップを目指すときに因数分解が甘くて自分の課題が明確になっていないと、定量化できる指標は「契約件数」や「売上」「利益率」などしかなくなる。しかしそれでは総合的な結果の検証しかできないので、本当に課題が解決できているのか不明瞭である。

そこで因数分解をした結果、自分のボトルネックが「メールでのポテンシャル先へのアプローチの返信率が、平均値よりかなり低いこと」だと判明すれば、メール返信率を最重要KPIとして設定し、同僚の文面を参考にさせてもらったり、本でピンポイントなことが書かれている箇所を勉強したりと、解決案もフォーカスできる。

4　どんなゴールでも実現可能に思えてくる

仮に「幸せになる」というテーマで因数分解を進めたとしよう。

それを本気で完成させたら因子の数は、軽く1000個は超えるはずだ。

確かにものすごい数ではあるが、それはすなわち「この1000段の階段を上っていけば幸せになれる」という意味でもある。「幸せになるにはあと何段の階段を登り続ける必要があるのだろうか？」と先の見えない状態で前進するよりも、一歩踏み出す際の気持ちは強くなるはずだ。

ゴールと現状の途方もないギャップだけを見せつけられたら、断念する人がいても仕方ない。しかし、それを分解してしまえば、ギャップの正体は上《のぼ》りやすい階段の積み重ねにすぎないことに気づける。因数分解は、目の前の壁を細かいパーツに砕くためのツールなのである。

5　PDCAが速く深く回る

課題の漏れが減り、ボトルネックが見え、KPIが正確になり、解決案も絞ることができる。このように最初の段階でギャップを「深く」因数分解をすることで計画フェーズのすべてのステップの精度が高まることになる。精度が高ければ検証と調整フェーズでの軌道修正も小さくなるので、PDCAは「速く」回るようになる。

「PDCAは速く、深く回せ」とはそういう意味である。

それにゴールやKPIと解決案との因果関係が明確になると、それまで「やりたくない」と思っていたことでも「成果が出るならぜひやりたい」と向き合い方が変わる。これは実行フェーズのスピードに大きく影響するので、PDCAのスピードはさらに速く回るのである。

ポイント① 抽象度を上げてから分解する

ここからは因数分解をするときの7つのポイントを挙げる。

ロジックツリーの上部に置くものを専門書などでは「論点」や「イシュー」と呼ぶ。イシューとは英語で「課題」のことだが、本来はギャップに潜む課題発見のための因数分解なのに「最初に課題を置け」と言われても混乱すると思うので、ここでは**「テーマ」**としておく。

「テーマ」にはPDCAにおける「ゴール」をそのまま置くとは限らない。

例えば経営者が「経常利益10億円を目指す」とゴールを立てたら、因数分解をするときのテーマは「利益構造」にするといいだろう。するとロジックツリーの2段目は「売上」と「コスト」に分解されるはずだ。

もちろん「経常利益10億円」をロジックツリーに置いてもいい。

ただ、その場合は2段目の段階から「売上は50億円で、コストは40億円かな」といった具合に、いきなりスケールの大きな仮説設定が求められる。経営者にとって会社の数字は見慣れたテーマなのでこうしたアプローチも可能だろうし、そのほうが因数分解も速いが、テーマによっては混乱する。

もっとも的確なのはやはり「利益構造」といった一般的なテーマにして、まずはそれをいかに細かく分解するかにフォーカスし、あとから数字を当てはめたほうが結果的に早いことが多い。

こうやってテーマを分解していく過程で、明らかにここは大きな課題だと思われる要素が浮き彫りになったら、今度はその課題をテーマにして、新たなにロジックツリーを作ってみるのも手だ。これはＰＤＣＡサイクルをあまり大きなテーマのまま扱わず、分解された大きな課題それ自体を、中ＰＤＣＡ、小ＰＤＣＡとして独立させたほうがいいことと同じ意味である。

ポイント② 5段目まで深掘りする

ロジックツリーを見ればすぐにわかるが、因数分解はやりだすとキリがないように感じることもある。あきらかにそれ以上分解しても意味がないと思ったら、それ以上、無理に分解する必要はない。

ただ、現実問題として多くの人は因数分解の深度が浅い。

当社でも、いくらメンバーに「なるべく細かく因数分解しよう」といっても、ロジックツリーの3段目くらいまでで終わるパターンが多かった。例えば「チームのアウトプットを2倍にアップする方法」を考えてもらっても、「コミュニケーションが課題です！」と真顔で報告してこられることもあった。または「新規サービスの営業手法」を考えてもらっても「やはりSNS広告がいいと思います」というなど、一筋縄ではいかなかった頃もあった。

コミュニケーションの何が課題なのか、どのSNS広告をどうやって使えばいいのかまで考えていない。そうした甘々の因数分解では課題は見えづらいし、PDCAも回しづらい。

私の経験上、**深掘りをするときの深さの基準は5段目だ。**

そこまでいくとかなり課題が具体化しているので解決案も具体的なものを思いつきやすくなり、さらに次の実行フェーズでも迷いが出にくい。

繰り返すが、ロジックツリーをすべて5段目まで埋める必要はない。課題となりそうな箇所だけを5段目以上をメドに深掘りすればいい。

図3-2 WHYツリーの例

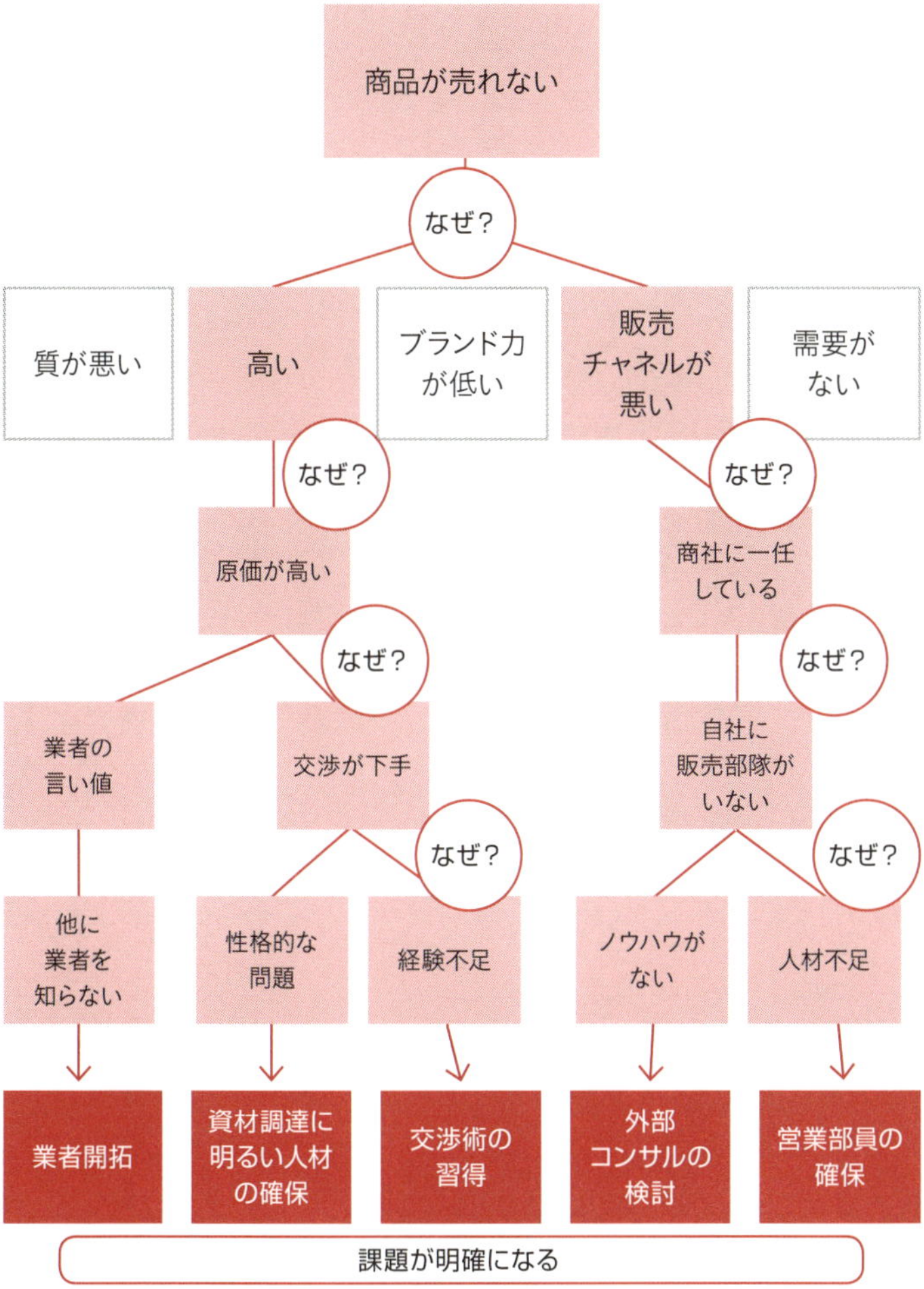

また、これもロジカルシンキングの基本だが、因数分解の階層を深めるときは「WHY」を繰り返すWHYツリーか、「HOW」を繰り返すHOWツリーの2通りしかない。

要因を見つけるときは「なぜ（できないのか？／できたのか？）」を繰り返し、課題や解決策を見つけるときは「どうやって（構成されているのか？／達成するのか？）」の問いをすればいい。

この2つの質問はPDCAにおける魔法の質問である。

ポイント③
1段目だけはMECEを徹底する

ロジカルシンキングをかじったことがある方ならMECEについてはご存知だろう。初見の方のために簡単に説明すれば「漏れなく、重複なく分類すること」で、ミーシーと読む。因数分解（ロジックツリー）においてMECEはワンセットで考えられているくらい重要な概念である。

というのも、ロジックツリーを広げていくときの分類の仕方はひとつではない。というより正解はない。

しかし、最終的な課題やボトルネックはそうした分解を進めていった枝葉のどこかに潜んでいるはずであり、分類の過程で「抜け」があるとその課題を見落とすことになる。逆にMECEを徹底していれば、どんな分類の仕方をしても、最終的には課題に行きつくことができるのだ。

例えば、時間の効率活用を目指して、一日の行動を洗い出すとする。分類の仕方はいろいろ考えられる。「午前」と「午後」から分けてもいいし、「3時間単位」で分けてもいい。では「職場」と「自宅」と分けたらどうか？

これでは自宅にも職場にも該当しない「移動中の時間の使い方」や「飲み会に参加するときの時間の使い方」などが抜け落ちる。

ただ、階層が深くなるにつれ毎回MECEを意識することはあまりに時間がかかる。それが心理的な負担になって因数分解が甘くなってしまっては意味がない。

よって私は、最上端のテーマを分解する1段目だけは、MECEを徹底することを奨励している。**さすがにこの段階で「抜け」が発生すると、その下位にくるすべての課題が検討対象から外れてしまうので、最初の計画段階での精度がガタッと落ちるからだ。**

それ以降についてはできるだけ知恵を絞ることは当然だが、あまり厳格になる必要もないだろう。仮に抜けがあったとしても、それに検証フェーズで気づくことができれば修正は可能だ。

ポイント④ 切り方に悩んだら「プロセス」で切る

問題解決の方法を説く本などではロジックツリーの最初の切り方が重要だと言われる。しかし、そう難しく考える必要はない。

もっとも確実で、もっとも簡単な方法は、プロセスで分解することだ。

例えばメールアプローチで営業をかけている担当者が売上を伸ばしたいとすると、ロジックツリーにおけるテーマは「メールアプローチ」になる。それをプロセスで切れば次のような順番になるだろう。

メールアプローチをプロセスで切った場合

リスト準備 ↓ 送信 ↓ アポ取り ↓ ニーズ喚起 ↓ 提案 ↓ 検討 ↓ 成約 ↓ リピート

これぞ「漏れなく、重複なく」メールアプローチを分解したものである。あとはプロセスごとにさらに因子を分解していけばいい。

仮にプロセスの分解で「コンタクト→交渉→フォロー」と大雑把に切ったとしても、それがMECEである限り、次の3段目で分解するときに「リスト→送信……」といった粒度に落ち着くはずで、行き着くところは同じである。


こうやってプロセスで切ると、課題だと思っていたことが大した課題ではなかったことに気づくこともある。

例えば「声が小さいこと」が自分の課題だと思っていた営業マンが、営業プロセスを分解していった結果、「そういえば声以前の問題で、自分は事前準備が全然できてないよな」と気づくかもしれない。

または「美味しい料理を出しているのに客が増えない」と悩んでいる飲食店経営者が、飲食店利用者の行動プロセスを分解してみた結果、実は「料理の質」は課題のひとつにすぎず、それ以外にも「接客の質」や「価格設定」や「マーケティング」といったさまざまな課題（未達のギャップ）があることに気づくかもしれない。

他にも、当社のように、ウェブサービスを運営している企業であれば、「ユーザー数が増えない」と悩んでいるチームがあるのであれば、ユーザー数が増える経路を分解し、

「SEO対策により検索順位上昇」「SNSでのシェア・拡散」「メディアやブログでの紹介」などに分解することで、課題を適切に考えることができるようになるだろう。

こうした気づきを得ることができるのがプロセスで分解する強みだ。

よって、もしあなたが課題抽出や解決案で悩んだとき、または部下が悩んでいるときは、「普段どういうプロセスでその仕事をやっているか?」という問いから始めるといい。

それが毎日やっていることであればその問いに答えられないわけがない。

だから簡単、かつ確実なのだ。

仮に自分の知らないことにチャレンジする場合や、どういったプロセスがあるのかわからない場合は、「切り方」にフォーカスして経験者に聞いたり、本を読んでみたりすればいい。

例えば管理職になりたてでチームマネジメントで重要なことがわからなければ、管理職の先輩を5人くらい捕まえて聞くことだ。すると、やれ「ゴール設定だ」「アメとムチだ」「日々の対話だ」とさまざまな意見が出てくるはずだが、それらはすべて因子であり、収斂《しゅうれん》する先はいくつかのパターンしかない。

ということは、それらは少なくとも「筋のいい仮説」であるといえる。

本の目次から切り方を学ぶ

切り方が分からない場合におすすめするのは本の目次だ。

例えばある日、社長の思いつきで突如あなたが自社のコンテンツマーケティング担当に任命されたとする。コンテンツマーケティングが何なのかも知らない状態だ。そんなときは関連書をいくつか買ってくればいい。

たまたま手元にコンテンツマーケティングの本があるので目次の一部をここに抜粋する。

3 — 2コンテンツマーケティングを成功させる5つのステップ

1　ゴールの設定
2　ペルソナ設計
3　コンテンツ設計
4　エディトリアルカレンダーの作成と運用
5　ＫＰＩの測定

（『商品を売るな』宗像淳著、日経ＢＰ社より）

このように綺麗にプロセスごとによって分解されている。あとは他の著者の本も何冊か見て、漏れがないかだけを確かめればいいだろう。

基本的に実用書の章立てはプロセスごとに切ってあることが多い。テーマによってはシーン別であったり、ターゲットごとであったりもするが、それらも立派なＭＥＣＥなのでそこから始める手もありだ。

ちなみに私は20代に数え切れないほどのＰＤＣＡを回してきたが、例えば睡眠の質を改善しようとＰＤＣＡを回したときも真っ先に本屋にいって関連本を20冊近く買ったものだ。そして目次を比較して筋のいい仮説が見えたら、その仮説にのっとった本のなかで一番わかりやすそうな本だけを読んだ。

こうすることで、１週間前まで睡眠の素人だった自分でも、ボトルネックの発見は簡単になる。

ポイント⑤ 簡単な課題は「質×量」で切る

因数分解はプロセスで切ることが簡単で確実だと書いたが、２段目、３段目もプロセスで切れるとは限らない。

そこから先をMECEで分類するコツは「質×量」で切ることだ。

私は昔からどんな成果も「質×量」で成り立つという考え方をしている。物理の初歩である「距離＝速度×時間」の式も、結局は「走る能力（質）」と「走った時間（量）」の積が、「走った距離（成果）」である。

よって「営業力」「生産性」「収入」「新規採用」といった大きなテーマも、「質×量」で切ればMECEは成り立つ。

例えば私は野村證券時代、プロセス以外の切り方として、新規開拓の成果を下のように因数分解して、末端に並ぶ因子をすべて課題としていた。

図3-3　「質×量」で切った場合

新規開拓成果	量	自分時間の最大化	モチベーションマネジメント	目的・目標明確化
			タイムマネジメント	TODO明確化 優先順位づけ
		自分以外の活用	ツール	各種メール
	質	インプット	金融知識	金融知識
			金融以外の知識	政治＋趣味＋歴史＋文化＋…
		アウトプット	PDCA	PDCAの回転速度 回転数

ただ、この切り方は何回も因数分解を経験していないとなかなか精度の高いものはできない。最初から「DMの返信率」「検品精度」「上司のフォロー」「インバウンドのヒット率」といった比較的小さいテーマを扱うのであれば「質×量」で切ったほうがいち早く（慣れてくれば）ボトルネックが見つけやすいが、やはり比較的大きなテーマであれば最初はプロセスで切ったほうがいいだろう。

ただ、プロセスで切っても結局は「質×量」に行き着くはずだ。そして「質」とはかならず「率」で考えることができる。

例えば先ほどのメールアプローチのプロセスも、もう1段分解すると下の図の

図3-4 メールアプローチの「質×量」

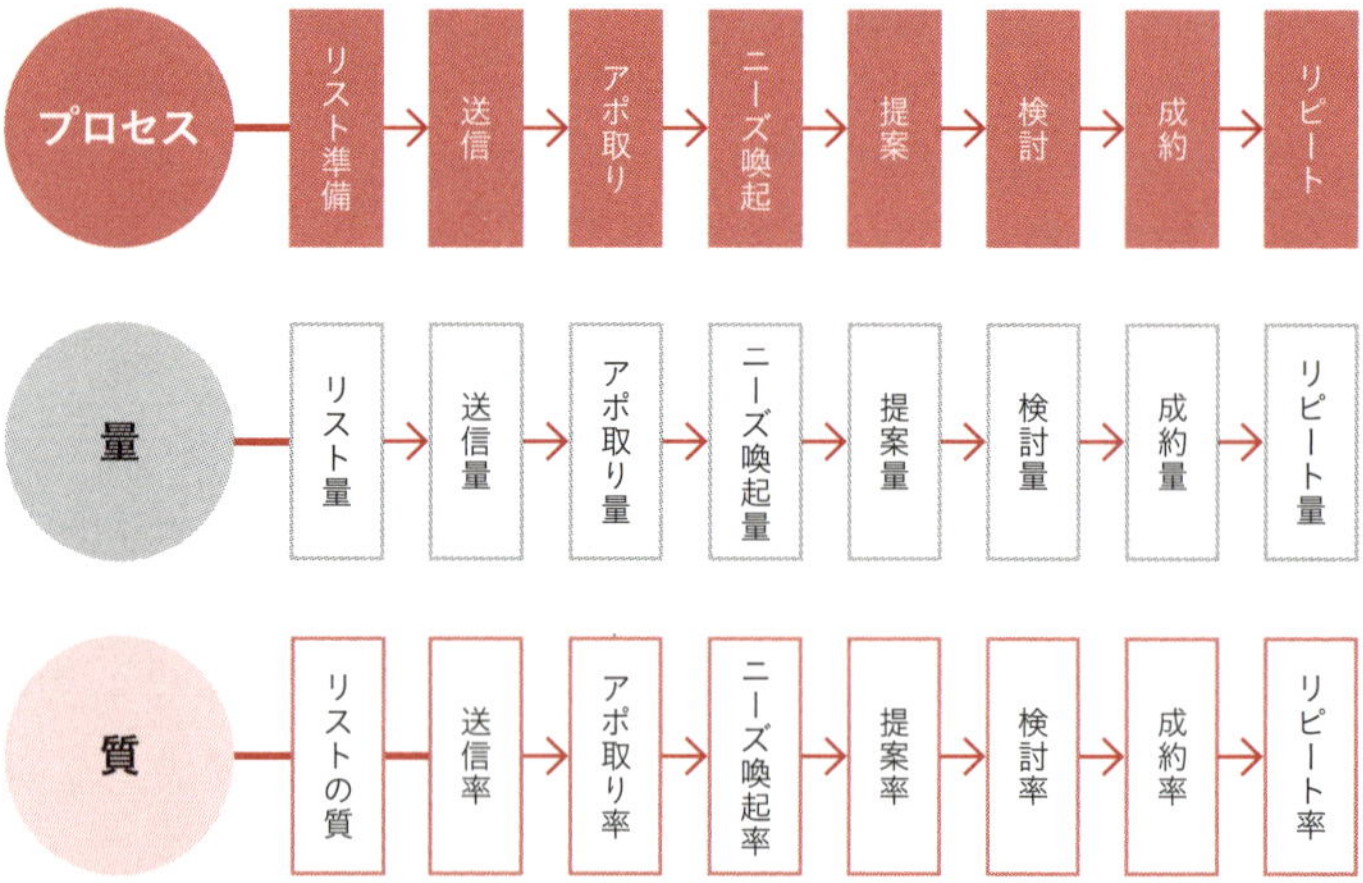

ように考えることができる。

「質 × 量」で物事を切る習慣が身につくと、目標を達成するときの解決案の偏りを防ぐことができる。

よくあるのはボトルネックと聞くと「やり方」や「スキル」といった「質」の分解ばかりをして、「量」については「時間をかければいいんだよね」といった次元で因数分解が終わりやすいことだ。

しかし、先ほどの私の因数分解の例のように「時間」は「タイムマネジメント」「モチベーション」「ツール」によって構成されていることに気づく。

つまり、接触件数を増やしたいなら、タイムマネジメント力をアップさせたり、モチベーション維持の工夫をしたり、積極的に同僚の手助けを得たり、各種ビジネス補助アプリを使ったりすることで、ようやく時間は増やせるということだ。

しかも、ここで挙げた「時間」を構成する因子はたいていどんな仕事にも当てはまる汎用的な課題である。個人レベルでも組織レベルでもそうだ。

だとすれば中長期で見たときに優先順位が高いのはこれらではないのか、という考え方もできる。

私の場合、昔から因数分解をするたびにこの「モチベーション」「タイムマネジメント」「ツール」の3つの因子に行き当たっていたので、いまの私は自他ともに認めるタイムマネジメントマニアで、モチベーション維持マニアで、ツールマニアである。

というよりもPDCAを回す習慣がある人はこうした汎用スキルは必然的に身につけている。

一例を挙げよう。

営業マン時代、私は新規開拓のツールのひとつとして潜在顧客に対して、名刺を添えた業界資料を一方的に郵送していた。広告は捨てられるが有益な情報は捨てられにくいとわかっていたからだ。

しかし、飛び込み営業で忙しかった私にはその余力がないときもあった。おそらく時効なので白状するが、そんなときは支店長に内緒で派遣スタッフさんにこっそり資料と名刺と郵送リストを渡して、代わりに送ってもらっていた。これはツール（外部補助）とタイムマネジメントを考え、行き着いた策である（派遣スタッフさんと日頃から仲良くしておく課題も含まれる）。

ポイント⑥　とにかく文字化する

いまの私が社内の課題解決にあたるとき、わざわざ因数分解を細かくやらなくても高い精度で課題が潜むエリアを特定できる。ただこれも過去に散々因数分解をしてきたベースがあるおかげである。

ではどうやったら因数分解が上達するのか？

基本はとにかく紙に書き出すことだ。

形にこだわらず、とにかく思いつくことを箇条書きにするだけでも効果はある。メモ書きは思考プロセスのどこかで無限ループにはまっている状態を抜け出すことが目的だからだ。

私もよく課題抽出や課題解決で浅い分解しかできないときは、すぐさま手帳を取り出してアイデアを書き出す作業を日常的にやっていた。すぐに手帳が取り出せるようにスーツのポケットに入る小型サイズを選んでいたくらいである（当時はフランクリン・プランナーの手帳を使用していた）。

これは私の流儀にすぎないが、私は紙に書くときは常に4色ボールペンを使って、最初に思いついたことは黒で書き、そのあとに追加したものは赤、青、緑と色を変えている。何も思考の階層ごとに色分けをする目的ではなく、単にそうしたほうが書き足すたびに自分の思考が深掘りされていくことが実感できるので、考えることが楽しくなるのだ。新しい因子や切り方を思いついたときは一人でほくそ笑んでいたくらいである。

また、色分けをすることで「そういえば前回もここを最後まで見落としていたな」といった自分の思考のクセに気づくきっかけにもなる。

ポイント⑦ マインドマップで鍛える

メモ書きを眺めてもまだ混乱しているときは、私は必ずマインドマップを使っていた。ご存知の通り、マインドマップはロジックツリーの集合体のようなものである。メモ書きはアイデア出しのため、マインドマップはアイデア出しプラス、思考の整理のため、という使い分けである。

仕事のことでもプライベートなことでも、頭がモヤモヤしてきたら「早くマインドマップでスッキリさせなければ」と若干の焦燥感を覚えるほど習慣となっていたし、いまの私が鬼速ＰＤＣＡを身につけられたのもマインドマップであらゆることを分解してきたおかげである。

20代半ば当時の懐かしいデータがあったので、恥ずかしながら一部を紹介させてもらいたい。

マインドマップのテーマは大小さまざまなものを扱ってきたが、次のページで紹介するのは比較的大きなくくりとなる「四半期の振り返り」だ。ＰＤＣＡでいえば中ＰＤＣＡくらいのものである。これらの枝の構成要素すべてで、ＰＤＣＡを積み重ねていた。本書では基本的に小ＰＤＣＡを回すことをすすめているが、慣れてくるとこれくらいのボリュームでも回せるようになる。

活用のヒント１　紙よりもパソコン

ここでマインドマップを使っていく上で、ポイントになりそうなことをいくつか解説しておこう。

マインドマップはＡ３の紙に書き出す人もいるが、私はデジタル派である。

思考に集中したいときに枝葉を追加するスペースがなくなると集中力が切れるからだ。

図3-5 四半期振り返りマインドマップ

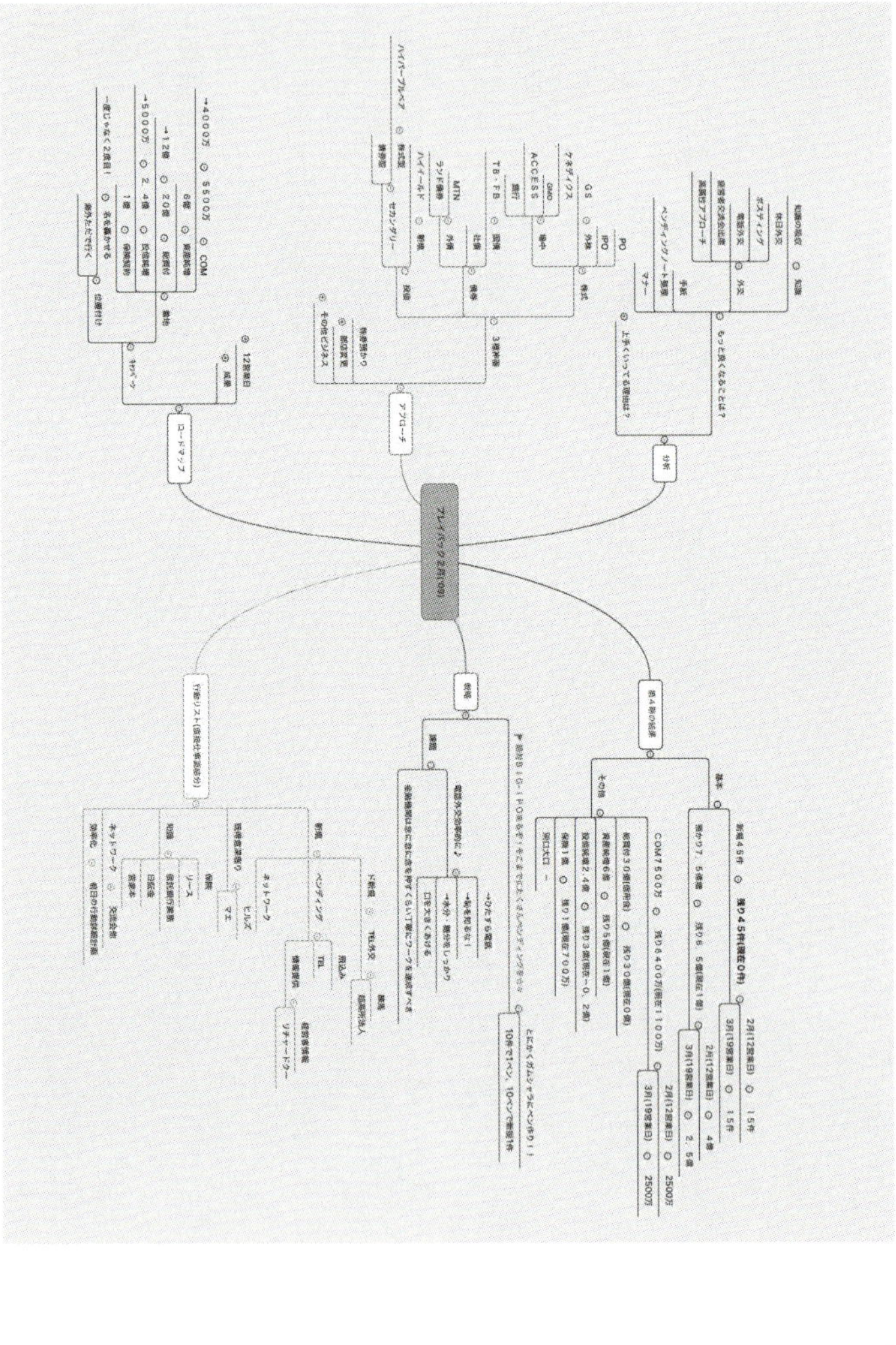

そもそも紙でマインドマップを作ろうとすると「きれいなマップを作ろう」という欲が湧いてきたことがある人は私だけではなかろう。

考えてみれば思考を整理したいのに事前にレイアウトの予定が立てられるほうがおかしいわけで、デジタルなら要素を忘れていたことに気づいても、あとからいくらでも付け足せる。

ちなみに紙ベースでマインドマップを作っているときにスペースが不足したら、そのノード（要素）を新たな白紙の中心に書き写して再開すれば良いとよく言われる。

しかし、デジタルならわざわざ細切れにする必要はない。いくら階層が増えても他のノードを閉じる機能があるソフトなら、常に全体は俯瞰できるからである。

参考までに、マインドマップのソフトで現在のおすすめはXMind社のXMind。Windows・Mac両方で使えることもあり、若手社員にも奨励している。

活用のヒント2　PDCAのフレームは忘れる

マインドマップの目的は基本的に課題の整理である。

達成したテーマを中心に置いて、それを構成する因子をひたすら書き出すことで、「やり忘れ」を防ぐのだ。当社でも何か目標を設定したら、マインドマップでひたすら分解するようにしている。

ただ、ある程度、要素が分解されていくと、そこに現状の反省点であったり、数値目標（KPI）であったり、解決案であったり、（次の実行フェーズで考える）アクションを書いたりとさまざまな種類の枝葉を書き足したくなるだろう。思いついたら書けばいい。マインドマップは因数分解のツールであると同時に、PDCAの参考にするためのメモである。

唯一大切なことは、先ほど紹介した「1段目はMECE」を意識することくらいだろうか。課題を大まかに整理するまでは厳格な水平目線を持ち、いざ課題の大枠が決まれば自由に深掘りしていけばいいということである。

活用のヒント3　時間がないなら時間を決めて行う

先ほど紹介した四半期ごとのマインドマップにもなると、はじめてそれを作ったときは軽く半日を要した記憶がある。

その後も枝葉を追加したり整理の仕方を変えてみたりと調整作業もあるので、時間は大きく短縮できたわけではないが、ある程度マインドマップとして完成段階に入ると、定期的な振り返りをするときは枝葉の数値を変えるだけだったりするので2時間くらいで済むようになった。

基本的にテーマが大きいマインドマップを作り出すと時間がかかる。要する集中力も尋常ではないので、理想をいえばネット接続も切って、一切の邪魔の入らない状況下で行うといい。

私のように週末に5時間も時間が取れないようなら、「2時間で書けるだけ書こう」と決めて集中して書くか、もしくは意識的に小さく、より具体的なテーマを中心に添えてマインドマップを進める方法もある。

活用のヒント4　気になったら分解してみる

あらゆることを一通り因数分解してみるまでは、できるだけマインドマップに書き出してみたほうがいい（明らかにそれ以上深掘っても意味がない場合はそこでやめる）。中心に置くテーマも、それが大事なのかどうかわからなくても、ボンヤリしていたらとりあえず置いて軽く分解してみるくらいの積極性が欲しい。

最初のうちにこうした地道な思考トレーニングを積んでいけば、マインドマップを触っている時間も半年後には8割、1年後には5割くらいに減っていく。

活用のヒント5
ワクワクしながらやる

私ならではのモチベーション維持方法になるが、私がマインドマップを触るときは背景色やラインの色、ボックスの形状などをいじるようにしていた。女子学生がノートにシールを貼るような感覚だ。

一見、完全な無駄に思われるが、そうやって見栄えを華やかにするとソフトを立ち上げて画面いっぱいにマップが表示されたときの気分がワクワクしてくる。4色ボールペンと同じ発想である。

図3-6 マインドマップのコツ

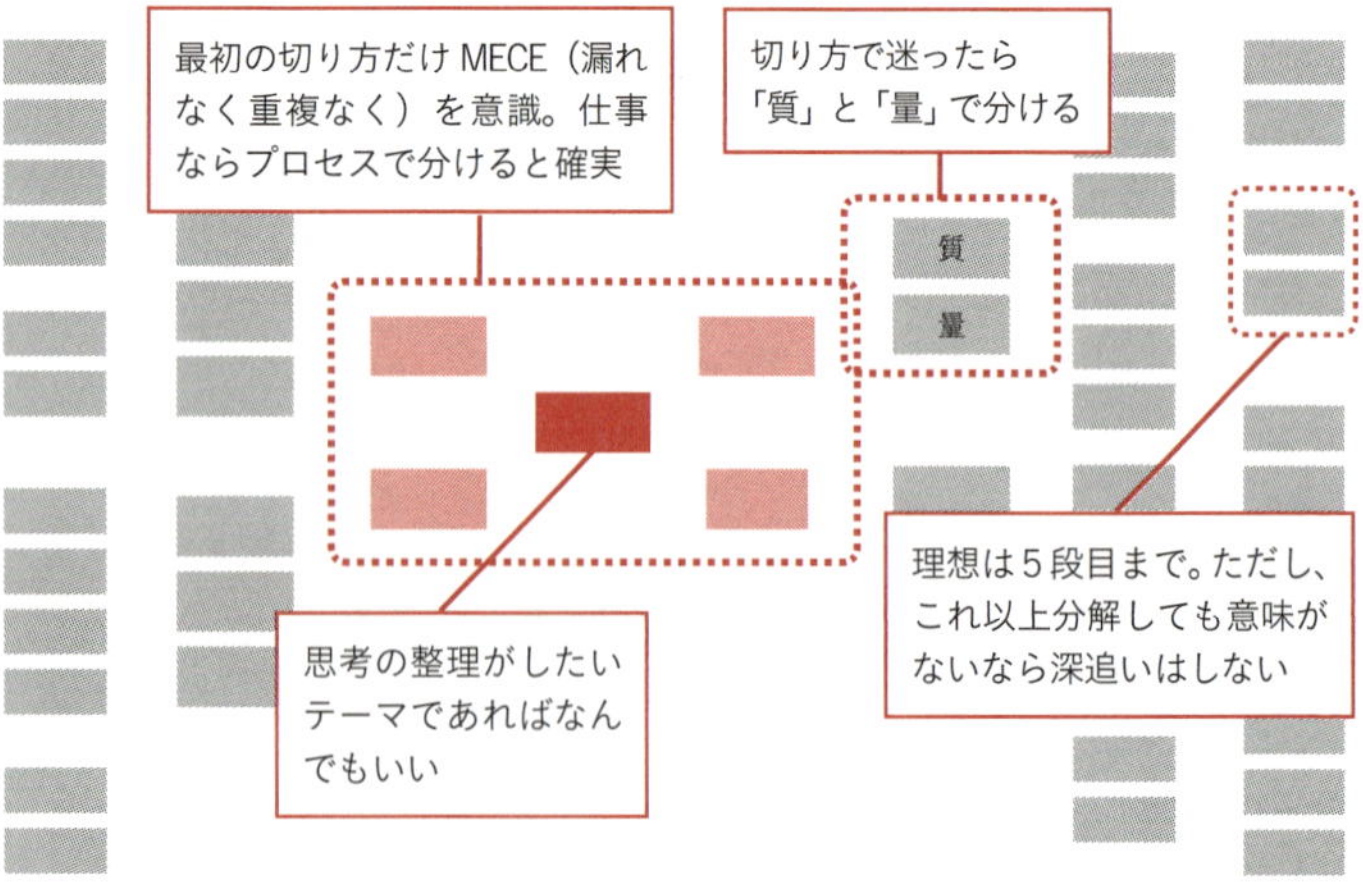

最初の切り方だけ MECE（漏れなく重複なく）を意識。仕事ならプロセスで分けると確実
切り方で迷ったら「質」と「量」で分ける
質
量
思考の整理がしたいテーマであればなんでもいい
理想は5段目まで。ただし、これ以上分解しても意味がないなら深追いはしない

4章

実行初級編：確実にやり遂げる「行動力」

解決案とDOとTODOの違い

実行フェーズとは、組織でいえば解決案を業務フローに落とし込み、チームであれば担当者にアサインし、行動スケジュールも切って予定通りにやりきることまでを含む。こう書くと比較的理解しやすいだろう。

ただ、実際にこれから説明に入るにあたって紛らわしい用語があるので先に整理をしておく。

実行フェーズで最初に行うことは、前回の計画フェーズから受け継いだ解決案（課題解決のための方向性）を実現するために必要なアクションを考えることだ。

このアクションを、本書では**「DO」**と表現する。

例えば、「会社の数字に強くなる」という解決案をＤＯにすると「簿記の本を読む」といったものが出てくる。

しかし、ＤＯのままでは実際の行動に移しづらい。

そこで、ＤＯをもう一段具体的なタスクレベルに分解し、スケジュール設定までする。

こうやってスケジュール化されたものを**「TODO」**と呼ぶ。「今日中に駅前の本屋で簿記の本を3冊買う」「1週間ですべて読む」といったレベルの話になる。

つまり、解決案を分解したものがDOで、DOを分解したものがTODO。分解するたびに数は増えていく。

わざわざアクションをDOとTODOで2階層にしている理由は、1階層だとDOの状態で仕事を抱えっぱなしになることが多いからだ。

簡単なDOや緊急性の高いDOならさすがにすぐTODO化して終わらせるだろうが、手間のかかりそうなDOや緊急度の低いDOほど「わかってはいるが着手しづらい」状態になりやすい。強制的に2階層で考える習慣をつけることで「DOまで考えたけど、まだTODO化していないな」と気づくきっかけとなる。

各ステップの解説に行く前に、PDCAサイクルがこのフェーズで頓挫《とんざ》してしまうケースを紹介しよう。

実行できないケース1　計画自体が失敗している

ひとつ目が、計画自体が失敗しているときだ。

計画が失敗する可能性としては次の3つが考えられる。

・計画がない＝「まあなんとかなるんじゃないですか」
・計画が粗い＝「課題はざっくり見えていますが、解決案はあまり考えていません」
・計画が無茶＝「課題も解決案もわかっています。絶対に無理だと思いますけど」

1番目の「計画がない」ケースはさまざまな職場で、時々起こることだ。

例えば社長の思いつきで突然、新規事業が立ち上がるようなときだ。役員会レベルでは自分たちが実行役ではないことをいいことに、ノープランのままあるチームに丸投げをする。言ってみればリレーで第2走者にバトンを渡し忘れている状態である。第2走者のチームリーダーはそのままでは走れないのでバトンを取りにスタートライン（計画フェーズ）に戻ろうとするが、社長の肝入りプロジェクトなので毎日のように役員が顔を出し、「まだ動いていないのか！」と怒り出す。しょうがないので手探りのまま動き出すも、課題すら見えていないので迷走を続けることになる。

または仮に役員会から計画が降ってきた場合でも、どう考えても人手が足りないのに、「それをどうにかするのが君の仕事だろ」と突き放されたら打つ手がなくなる。これが3番目の「計画が無茶」なケースである。

個人のＰＤＣＡでは２番目の「計画が粗い」ことが非常に多い。

それを象徴するのが読書だ。

ビジネス書からたくさんの刺激を受けて、「やっぱり自分ってこのへんが課題なんだよな」とせっかく気づいても、それを具体的な解決案に落とし込まないから９割の人は読んで終わりになってしまう。

実行できないケース２　タスクレベルまで落とし込まれていない

計画はうまくいっても、それを組織の業務フローや個人のタスク、さらに具体的な行動スケジュールに落とし込むまで細分化していないので、結局やるべきことが不明瞭なまま時間だけが過ぎていくケースだ。

あと一歩なのだが、その一歩が大きい。

世間でいう「計画倒れ」の正体はこれである。

実はこのケース、積極的に権限移譲をする管理職が率いるチームでよく起きる。実際に職場で起きやすいのはこういった会話だ。

上司「本件で注意すべき点はこんなところだ。これ、お前一人でやってみるか？」

部下「あ、ありがとうございます！　課題も見えているので心配ありません！」

（1週間後）

上司「そういえばあれ、どうなった？」
部下「実は、若干、方法で悩んでいまして……」

はたから見ると部下を信用している「いい上司と部下」の関係に見える。でもこの上司も部下も勘違いしているのは「計画ができていればすぐに行動に移せる」と思い込んでいることだ。

正直に言えば、私もかつて部下に同じことをしたことがある。私自身がＰＤＣＡの鬼だったので「これくらいなら部下も考えられるだろう」とタカをくくってしまったからだ。

権限移譲は部下のポテンシャルを引き出したり、短期的にはやる気を生み出したりするメリットもあるが、見極めを誤ると部下が苦しみ続け、逆に著しいモチベーションの低下にもつながりうる。

実行速度を上げたいのであれば上司は部下に対して「これをやれ」で終わらせずに、部下自身で「どうやってやればいいのか」を判断できる能力があるか正しく見極め、そのレベルに合わせてPDCAが軌道に乗るまで丁寧にフォローする必要がある。

とくに曲者なのが優先度の高い解決案である。

優先度が高いものをいままでやってこなかったのにはそれなりの理由がある。実は想像以上に複雑な仕事で、前任者はそれを知って放置していたことかもしれない。その場合はやはり上司としても行動レベルのブレイクダウンまで手助けする必要がある。

ただし、逆にマイクロマネジメントになりすぎて、手取り足取り細かい指示を与えてしまうと部下の性格次第では著しくモチベーションが下がり、必ず成果に悪影響を及ぼすので、その点だけは注意したい。

実行できないケース3　失敗することが恐い

いざ計画を立てても「情報が足りない」「思考の整理がついていない」「リスクが見えづらい」などの理由から仮説に自信が持てず、行動に気後れする人は大勢いる。

中止にする決断を下すならまだしも、「どうしようかな。やっぱりやめようかな。でもなあ……」といつまでも煮え切らない態度をとるのだ。

当社で浸透している文化のひとつとして「行動ファースト」がある。

「悩んでいるならやってみよう。やることで課題が見える」という発想だ。

この発想のベースは仮説思考である。

正解などそもそもないのだから、ある程度仮説を立てたらやるしかない。いくら調べてもわからないものはわからないし、不安を解消するための情報収集は往々にして莫大な時間を消費し、大した成果は得られない。

だとしたら最初から失敗しても擦り傷程度で終わる範囲で動けばいいというのが「行動ファースト」である。部下がチャレンジに失敗しても「これで仮説の精度が上がるね」と声をかける。「仮説は修正するためにある」と思っているからだ。

身近な例でいえば、私はプレゼン資料を作るときはいきなり目次から作る。

浅い知識であっても仮説は立てられる。目次を作ったらそれを肉づけするために本を買って必要な箇所をピンポイントで読むといったように知識やデータを集めてくる。こうした肉づけ作業をしている過程で仮説も随時微修正していく（新しいことを学ぶので付け足すことが多くなる）。

心配性な人が同じ資料を作るとしたら、まずはひたすら情報集めに走るだろう。

本を何冊も読み、ネットで調べ、人に聞く。確かにそこまでやれば仮説の精度は上がるだろうし、不安が解消されることもある。

ただ、すべての判断で石橋を叩いていてはスピードは一向に上がらない。

ステップ① 解決案を「DO」に変換する

さて、実際のステップの解説に入る。実行フェーズは、5つに分けられる。

まずは、計画フェーズで絞り込んだ解決案を実際のアクションである「DO」に分解する。ただし、このDOにはさまざまな種類が考えられる。

解決案が具体的か抽象的か

解決案が抽象的だと、ここで考えられるDOの数は増える。これは正常なので問題ない。

一方で、計画段階でかなり具体的なアイデアが湧いていると、解決案がすでにDOレベルに落とし込まれているケースもある。

よって、すでにDOレベルの解決案があるのなら、それをそのままDOにしても構わないが、せっかくこのステップを踏むなら、あらためて他の手段（DO）はないのか検討してみることも大切である。

図4-1 DOのアウトプット

営業編

解決案	DO
同僚に擬似プレゼンをしてフィードバックをもらう	同僚Aに協力を仰ぐ（完結型）
	同僚Bに協力を仰ぐ（完結型）
後輩に回せる仕事を回す	上司の許可を得てから引き続ぐ（完結型）
	定期的に仕事の棚卸しをする（継続型）
笑顔を鍛える	セミナーに参加する（完結型）
	動画を探す（完結型）
	毎日、笑顔を意識する（継続型）
営業術の本をたくさん読んでヒントを探す	図書館に行く（完結型）
	Kindleで探す（完結型）
	先輩から借りる（完結型）
	10冊読む（完結型）
	週に2冊ずつ読む（継続型）

英語編

解決案	DO
長文問題の過去問を何回も解く	過去問を買う（完結型）
	点数が上がるまで繰り返す（継続型）
教材音源を毎日聞く	音源を探す（完結型）
	通勤途中に聞く（継続型）
	家でずっと聞く（継続型）
オンラインで個人指導を受ける	塾を選び契約する（完結型）
	週に1回受ける（継続型）
	週に3回受ける（継続型）
単語帳を買ってひたすら覚える	単語帳を選んで買う（完結型）
	寝る前の1時間を暗記にあてる（継続型）
	1日最低5ページ分暗記する（継続型）

抽象的な解決案の場合はDOが複数出る

解決案：体力を強化するべきだ

DO：ジムに行こう

DO：ジョギングを始めよう

DO：バランスのいい食事をとろう

DO：コンディショニングの本を20冊読もう

DO：パーソナルトレーナーをつけよう

具体的な解決案の場合はDOとオーバーラップする

解決案：ブロックチェーンの専門家を雇うべきだ

DO：ブロックチェーンの専門家を雇う

完結型のDOと継続型のDO

例えばスキルアップを目指すときに「セミナーを受講する」というDOは1回で終わる完結型であり、「1日10分、トレーニングをする」というDOは継続型である。また、「後輩に優しく接する」「ハキハキしゃべる」といった定性的なDOも、KPIを達成するまで毎日続けることなので継続型に属する。

ひとつの解決案に対して完結型と継続型のDOが混在するのは、いたって普通のことだと理解していればいい。

完結型と継続型のDOが混在する

解決案：クライアントともっと交流を深めるべきだ

DO：2ヶ月に1回、会食に行く（継続型）

DO：打ち合わせの前後の雑談時間を増やす（継続型）

DO：ゴルフに誘ってみる（完結型）

ステップ② DOに優先順位をつけ、やることを絞る

ここでは膨れ上がったDOを若干スリムにしていく。

解決案につき最低ひとつは実行に移したいので、解決案に対してDOがひとつしかない

場合は無条件に選ぶ。また、複数のＤＯがあっても「それをしないと始まらない」といった類のＤＯに関しては無条件で選ぶ（例えば、資格勉強をするときの「参考書を買う」といったＤＯ）。

それ以外の複数の選択肢があるものについては、あらためて「インパクト」「時間」「気軽さ」の指標で優先順位をつけ、やることを絞り込む。

このときの時間軸については、完結型のＤＯに関しては実際の行動にかかる延べ時間を概算すればいいが、継続型のＤＯに関しては効果が出るまで続けることなので、時間を記入する必要はない。

図4-2 絞り込まれたDO　営業編

		インパクト	時間	気軽さ	優先度
同僚に擬似プレゼンをしてフィードバックをもらう	同僚Aに協力を仰ぐ	A	2時間	A	
	~~同僚Bに協力を仰ぐ~~	~~A~~	~~2時間~~	~~B~~	
後輩に回せる仕事を回す	上司の許可を得てから引き続ぐ	無条件で選択			
	定期的に仕事の棚卸しをする	A	—	A	
笑顔を鍛える	~~セミナーに参加する~~	~~A~~	~~4時間~~	~~C~~	~~B~~
	動画を探す	B	1時間	A	A
	毎日、笑顔を意識する	A	—	A	A
営業術の本をたくさん読んでヒントを探す	本屋で買う	A	2時間	A	A
	~~Kindleで探す~~	~~A~~	~~1時間~~	~~B~~	~~B~~
	~~先輩から借りる~~	~~B~~	~~48時間~~	~~C~~	~~C~~
	~~10冊読む~~	~~A~~	~~20時間~~	~~C~~	~~B~~
	週に2冊ずつ読む	A	—	A	A

図4-3 絞り込まれたDO　英語編

		インパクト	時間	気軽さ	優先度
長文問題の過去問を何回も解く	過去問を買う	無条件に選ぶ			
	点数が上がるまで繰り返す	A	—	A	A
教材音源を毎日聞く	音源を探す		無条件に選ぶ		
	通勤途中に聞く	B	—	A	A
	~~家でずっと聞く~~	~~A~~		~~C~~	~~B~~
オンラインで個人指導を受ける	塾を選び契約する	無条件に選ぶ			
	週に1回受ける	B	—	A	A
	~~週に3回受ける~~	~~A~~		~~C~~	~~B~~
単語帳を買ってひたすら覚える	単語帳を選んで買う	無条件に選ぶ			
	~~寝る前の1時間を暗記にあてる~~	~~A~~		~~C~~	~~B~~
	1日最低5ページ分を暗記にあてる	A	—	A	A

ステップ③
DOを定量化する（「KDI」を設定する）

計画フェーズで各課題をKPIという形で定量化したように、実行フェーズでは「DO」を定量化する。

それが、**KDI（Key Do Indicator）**である。

端的にいえば、「どれだけ計画を実行できたか」を表す指標だ。KPIと区別するために私が作った言葉だ。

KDIは、検証フェーズにおいて計画通りに行動に移せたかどうかを客観的に判断するための指標である。よって、もし週に1回ペースで検証を行うのであれば、KDIもその周期に合わせて分解しておくことがとても重要だ。

例えば1000ページに及ぶ大作の本を読むことがDOだとしよう。そのとき、KDIを「本を読みきったかどうか」といった0か1の数値にしたり、または「全体の何ページ読んだか」といった全体から見た達成率にしてしまうと、週に1回の振り返りをしたときに「その週の目標」が達成できたのかどうかが不明瞭である。

このような大きなゴールを達成するには、「毎週200ページずつ読む」といったようにこまめな行動目標を立て、毎週その達成率を確認しながら軌道修正をしていくことが必要なのである。

この検証サイクルごとに細分化した目標のことを当社では**「ラップタイム」**と呼ぶ。これはKDIだけではなく、KPIでも同じである。

KDIを設定する目的

「KPIを決めてDOも決めたのなら、さっさと行動すればいいだけじゃないか」という指摘もあるだろう。

ではなぜKDIが必要なのか？

それは結果（KPI）は簡単にコントロールできるものではないからである。

売上目標というKPIを設定したとしても、自分が気付いていない外的要因が潜んでいる場合もあるだろう。必ずしも100%の行動が100%の結果を生むとは限らない。それに結果が出るまでのタイムラグが発生するものがほとんどであるのだ。

一方で、行動はやるかやらないか、できるかできないかの話なのでコントロールしやすい。もちろん行動の成果がKPIに表れない事態もあるかもしれないが、かといって行動をしなかったら当然ＫＰＩも動かない。だから自分が確実に行動に移しているかどうかを見える化し、逐一チェックすることが重要なのである。

ＫＤＩ化のコツは完結型のＤＯと継続型のＤＯで異なるので、それぞれ解説しよう。

｜完結型のＤＯのＫＤＩ化

完結型のＤＯの場合は、比較的数値化しやすい。例えば企画を考えるのであれば「何本」、テレアポをするのであれば「何件」といった数値に落とし込めばいいだけだ。

そして先ほど触れたように、ＤＯに最終的に達成したい数値目標があったとしても、検証サイクルに応じて「ラップタイム」をここで計算しておくことがコツである（基本的にはいつまでに達成するかを決めて、割り算をするだけである）。

ＤＯ：コンディショニングの本を20冊読む ……20冊読む（ラップタイム：週2冊読む）
ＤＯ：パーソナルトレーナーをつけよう ……（1人）契約する
ＤＯ：ブロックチェーンの専門家を雇う ……（1人）雇い入れる
ＤＯ：ゴルフに誘ってみる ……（1回）誘う

図4-4 KDIのアウトプット

営業編

	DO	KDI
同僚に擬似プレゼンをしてフィードバックをもらう	同僚Aに協力を仰ぐ	（1回）擬似プレゼンをできたか
後輩に回せる仕事を回す	上司の許可を得てから引き継ぐ	（1回）上司の許可を得て引き継ぎをしたか
	定期的に仕事の棚卸しをする	3ヶ月に1回引き継げた率100%
笑顔を鍛える	動画を探す	（1回）参考になる動画が見つかったか
	毎日、笑顔を意識する	ラップタイム達成率80%
営業術の本をたくさん読んでヒントを探す	本屋で買う	（1回）買ったか
	週に2冊ずつ読む	ラップタイム達成率100%

英語編

	DO	KDI
長文問題の過去問を何回も解く	過去問を買う	（1回）買ったか
	点数が上がるまで繰り返す	ラップタイム達成率80%
教材音源を毎日聞く	音源を探す	（1回）ダウンロードしたか
	通勤途中に聞く	ラップタイム達成率70%
オンラインで個人指導を受ける	塾を選び契約する	（1回）契約する
	週に1回受ける	ラップタイム達成率100%
単語帳を買ってひたすら覚える	単語帳を選んで買う	（1回）買ったか
	1日最低5ページ分を暗記にあてる	ラップタイム達成率100%

2 継続型のDOのKDI化

継続型のDOは、ラップタイムで追うと確実である。

例えば接客業に従事する人のDOが「目を見て挨拶をすること」だとする。これを無理やり数値化しようとしても、目を見られたかどうかを毎回メモするわけにはいかない。そんなときは「今日はお客様の目を見て挨拶できたか?」と毎日振り返りをして、点数をつけ、週単位などで平均値の推移を確認すればいいのだ。

そのために私が昔から使っているのが**「ルーチンチェックシート」**である。

詳しくは8章253ページで解説するが、これはいわば自分のためのアンケートである。先ほどの挨拶の例のように、**実行できたか、できなかったかを感覚的に評価するしかない行動であっても、その日のうちに振り返れば比較的正確に把握できる**ので、雑な把握になりがちな継続的なDOの定着にはこれ以上便利なものはない。

毎日（または毎回）行うDOや、DOの段階ですでに自らにラップタイムを課してあるものであれば純粋にそれが達成できたかどうかで追えばいいが、「ジム通いをする」といったように毎日行うものではないDOが出てきた場合は、この段階で自らにラップタイムを決め、その達成率を追うようにすればいい。

ステップ④　DOを「TODO」に落とし込む

ＰＤＣＡの典型的な罠なので何度も書くが、「何かをしよう」と決めたことは大抵の場合、ＤＯのレベルで止まっており、具体的なタスクとして落とし込まれていない。具体的なタスクとは、「これならいますぐに手をつけられる」というレベルまで落とし込まれたタスクだ。ＤＯのＴＯＤＯ化とは**DOを実行の際に迷わないレベルまで分解すること**であり、当然ながら期日設定も含む。むしろ、期日を切らないからＤＯが放置されるといってもいい。例を挙げるなら次のようなものだ。

DO

２ヶ月に1回、会食に行く

TODO

（今日中に）先方のスケジュールをメールで確認

（日付が確定したら）店をネットで探す
（日付が確定したら）予約の電話を入れる
（日付が確定したら）自分の予定をブロックする
（予約が取れたら）先方に情報をメールで伝える
（予約が取れたら）上司に会食の旨を報告する

ＴＯＤＯ化されたかどうかのひとつの基準はスケジュール帳に書き込めるレベルになっているかどうかである。

唯一の例外が継続型のＤＯでなおかつ定性的なもの（例：早口でしゃべらない）だ。これについては「ルーチンチェックシート」に反映させておく。

個人のＰＤＣＡでＴＯＤＯを考える場合はこれで十分のはずである。

また、チームでＰＤＣＡを回しているときはＴＯＤＯの割り振りが必要になる。ＴＯＤＯを言い渡されたメンバーが勘違いをしたり、迷ったりしないためには、定番の６Ｗ３Ｈに落とし込むと正確さが増す。

・ＷＨＯ（誰が）

図4-5 TODOのアウトプット

営業編

DO	TODO
同僚Aに協力を仰ぐ	今日中に打診／1週間以内に実施
上司の許可を得てから引き継ぐ	いますぐ上司に確認／今週中に引き継ぎ
定期的に仕事の棚卸しをする	3ヶ月後の今日、実施
動画を探す	今夜、夕飯を食べたあとに探す
毎日、笑顔を意識する	ルーチンチェックシートへ
本屋で買う	今週中に駅前の本屋へ行き、買う
週に2冊ずつ読む	ルーチンチェックシートへ

英語編

DO	TODO
過去問を買う	このあとアマゾンで注文をする
点数が上がるまで繰り返す	ルーチンチェックシートへ
音源を探す	3日以内に候補をリストアップし、ダウンロード
通勤途中に聞く	ルーチンチェックシートへ
塾を選び契約する	1週間以内に候補をリストアップし、契約へ
週に1回受ける	ルーチンチェックシートへ
単語帳を選んで買う	今日の帰りに本屋で買う
1日最低5ページ分を暗記にあてる	ルーチンチェックシートへ

・WHOM（誰に）
・WHEN（いつ）
・WHERE（どこで）
・WHAT（何を）
・WHY（なぜ）
・HOW（どうやって）
・HOWMANY（どれだけ）
・HOWMUCH（いくらで）

DOがTODOに分解されると、もはや言い訳の余地もないので、必然的に「もうやるしかない」という気分になる。このメリットは実行力を考える上で果てしなく大きい。

ステップ⑤
TODOの進捗確認をしながら実行に移す

TODOが決まればあとは実行に移すだけだが、大事なポイントがひとつある。

ＫＤＩの進捗確認は次の検証フェーズで行うが、ＴＯＤＯの進捗確認は実行フェーズに含まれるという点だ。

「この実行フェーズが終われば自ずと検証フェーズに入るのだから同じことなのでは？」と迷う学生に出会ったことがあるので簡単に説明する。

冒頭のＰＤＣＡサイクルの説明で書いたように、ＰＤＣＡサイクルといってもその実態は実行のサイクルである。それがこのステップ⑤だ。

この実行のサイクルを唯一脱するタイミングが検証を行うとき、つまり個人であれば週ごとの振り返りであり、会社であれば進捗会議などにあたる。

そして本来、検証のタイミングではＫＰＩやＫＤＩを扱うべきである。もちろんＴＯＤＯを実行するにあたって大きな問題が発生していたら検証フェーズで打開策を検討するが、ＴＯＤＯが滞るたびに次の会議まで問題を保留にしていてはあまりに時間の無駄だからである。

よって実行速度を上げたいならＴＯＤＯの進捗確認は実行サイクルのなかで行うべきであり、最低でも一日一回、理想を言えば一日数回行いたい。わかりやすく言えば、毎朝、仕事を始める前にはその日のＴＯＤＯリストがある状態にして、予定より遅れていればペースを上げるといった「帳尻合わせ」を日中に何回かすべきということであり、継続型のＴＯＤＯに関しては毎日ルーチンチェックシートで達成率を確認すべきである。

ＴＯＤＯをこまめに確認していればたいていのことは少しペースアップしたり、昼休みを少し短縮したりするくらいでなんとか間に合うものだ。フルマラソンを走るときの１キロごとのペース配分の確認が検証フェーズだとすれば、ＴＯＤＯの確認は絶えず行うフォームの確認のようなものである。

計画フェーズから散々考え抜いてきた結果として導き出されたＴＯＤＯをこなすことは楽しい。それはロールプレイングゲームでレベル上げをしているときに似ている。

ＴＯＤＯもレベル上げも、やることはもしかしたら地味な作業かもしれないが、**その行動の目的が明確になっているので迷いはないし、それを終わらせれば必ず前に進むことがわかっていれば頑張れるものだ。**

結局、仕事が楽しくないときは、かけた労力に対して見返りがないからだ。金銭的な見返りの話であることが多いが、それと同時に自己実現を日々実感できることも非常に大事なことだと思う。さすがに内職作業のような単純なＴＯＤＯになってくるとゲームでスライムを倒すときのように得られる経験値やお金はごくわずかで、仕事を楽しむことは難しいかもしれない。でも、普通のビジネスパーソンでそのような仕事だけで１日が終わる人はまずいないだろう。ＰＤＣＡを回していれば「やることにすべて意味がある前提」で動くことになるので、日々の充実感が増すのである。

ＴＯＤＯを管理するコツ

ＴＯＤＯが増えるにつれ、ＴＯＤＯの管理自体が重荷になる。ときにリストが煩雑になりうっかり忘れてしまうこともあるだろう。せっかく計画に基づいてＴＯＤＯ化したのに、それではもったいない。

ここではＴＯＤＯ管理のコツを紹介しよう。

おすすめのＴＯＤＯ管理アプリ

日々のＴＯＤＯを管理する方法については、昔はシンプルに手帳に直接書き込んでいたが、さすがに現在はＴＯＤＯ管理アプリがメインである。

現在愛用しているのは「ＴＯＤＯＩＳＴ」というサービスだ。

パソコン版とスマホ版があるので同期してある。

機能はいたってシンプル。ＴＯＤＯと期日を書き込み、それをカテゴリータグで振り分ける。期日までに達成できなかったTODOは期日を再設定する。たったこれだけだ（ちなみに通知機能は邪魔くさいのでオフ。グーグルカレンダーとの同期もできるがメリットがないので使っていない）。

これだけでもTODOが整理されるし修正もしやすいのでかなり便利である。

私の場合はこれに加えてTODOリストをレシート大の大きさになるように縮小プリントし、スマホケースのポケットに入れている。そして空き時間を使ってリストをあらためて精査するのだ。地味な作業だが、リストの見直しの目的は優先度の再設定なので重要なプロセスである。言ってみれば複数回しているPDCAを見比べて優先度を入れかえる行為にあたる。

画面上でも見直しができるが、パソコンやスマホではメールやチャットの通知という邪魔が入るので、わざわざ紙ベースにしている。

TODOの共有

TODOISTの機能で気に入っているのは、カテゴリータグ単位でTODOを共有できることだ。部署単位やプロジェクト単位でタグを作ってメンバーを招待することで、会議の最中に誰かがTODOを付け足していけば、会議が終わった瞬間に議事録を見返すこともなく全メンバーでTODOを共有できる。単純だが強力な機能である。

定番のポストイットも活用

業務に追われているとTODOリストの存在をすっかり忘れてしまうこともある。クラウドも手帳も、「開かない限り視界に入らない」という弱点がある。

その点、古典的なポストイットは、いまの時代でも最強のTODO管理ツールだ。

PDCAを確実に回せるかどうかは、意識づけ次第といってもいい。パソコンから目線を上げて一息ついたとき、席を立つとき、席につくとき、電話をしているとき、その目線の先にやることを書いた大きなポストイットがあれば、そのたびに「やらなきゃ」と思う。

「人」に潜むリスクに気を配る

実行サイクルを回すときに障害は付きものだが、当然ながらその障害を事前に察知して取り除いておけば、いち早く目的を達成できる。そのためには3章で説明したように、因数分解などで仮説の精度を高める必要があり、いかに事前にリスク、すなわち将来的に起こりうる課題を事前に想定できるかがポイントになってくる。

例えば営業マンが数値目標を達成するための課題として「新規開拓に力を入れる」と決めたはいいが、「既存顧客が不満を言い出す」というリスクを想定しなかったとしよう。因数分解の章で解説したように、最初の課題抽出の段階で特定の課題を忘れてしまうと、最悪の場合、問題が顕在化するまで気づかない。一度顕在化してしまうと課題解決には相当骨が折れるので、新規開拓どころの騒ぎではなくなるだろう。要するに、本来「既存顧客のケア」を課題として検討すべきだったわけである。

リスクの想定は何も計画フェーズでのみ行えばいいのではない。

ＤＯを考えるとき、ＴＯＤＯを考えるとき、または後の調整フェーズで改善案などを考えるときも、できるだけリスク要因に気を配る必要がある。

経験上、人は自分に直接的に損失をもたらしそうな経済的リスクなどについては想像力が働きやすい一方で、「人」に関するリスクを忘れがちだ。厳密に言えば「他人の感情」にまつわるリスクである。

「順調に仕事を進めていたら、報告を受けていなかった上司が怒鳴り込んできた」

「契約成立まではいったが、担当者は不服そうだった」

「これなら稟議は通ると思っていたら、思わぬ人が反対した」

「将来有望な部下を厳しく育てていたら、精神を病んで退社してしまった」いずれも会社でよく見かける事態だが、共通しているのは自己中心的な発想に原因があることだ。「他人」または「他人の感情」にまつわるリスクを防ぐためにはコミュニケーションしかない。

若手社員によくある、途中経過を報告せずに完成形を上司やクライアントに見せて、こっぴどく怒られて修正を迫られるようなケースも、若手社員が事前にリスクを想定して意識的にコミュニケーションを密にとっていれば回避できた事態である。

もちろんコミュニケーションを怠るのにはそれなりの原因があるわけだが、それも結局「報告しても小言を言われるから嫌だ」「上から目線で発言されるから苦手だ」といった好き嫌いの話に集約されるケースがほとんどだ。

むしろ自分が苦手だと思う相手ほどコミュニケーションミスのリスクが潜んでいると考え、積極的に対話を仕掛けていく必要があると私は常々思っている。

ただ、リスクが思い浮かんだとしても、確率的に考えて低い、または許容範囲のダメージだとわかっているなら必ずしも新たな課題として追加する必要はない（つまりＫＰＩを決めたり解決案を考えたりする必要はない）。万が一そうした事態になったときの対処法を考えておくだけでもいいだろう。いわゆる「想定内のリスク」にしてしまうだけでも対処の初動が早くなる。

セルフトークでＰＤＣＡを促進

私が20代のときに意識して行っていたのはセルフトークである。掲げている目標を、自分自身に言い聞かせるのだ。

毎日行うことなので最初のうちはルーチンチェックシートで達成率を追いながら、徐々に習慣にした。

セルフトークの目的は先ほどのポストイットの話と同じだ。自分のゴールやＫＰＩ、ＫＤＩなどを意識の中心に植えつけるために、携帯のアラーム通知機能を使って１日に３回、声に出して自分に言い聞かせるようにしていたこともある。

忙しいときは通知を無視することもあったが、３回に２回でも１回でもセルフトークをするだけで仕事に対する向き合い方が変わる。

セルフトークをする内容はゴールでもＫＤＩでもいいが、理想をいえばＫＰＩだ。

例えば「今年は１００件の優良顧客を開拓する」と声に出したら、頭の中で逆算が始まる。「年１００件のためには月10件弱。そのためには今週2、3件。そのためには見込み顧客30件。そのためには今日一日で見込み顧客を6件以上作っておかなければならない」と最終的にはＤＯやＫＤＩまで分解される。こうしたブレイクダウンはすでにＫＤＩ設定の段階で行っているが、あえてＫＰＩから逆算してその因果関係をその都度、明確にすることに意味がある。

仕事でミスをしたときや、酷暑の日に一日中外回りをしているとき、または折悪く上司からも顧客からも怒られたとき、「自分は何をしているんだろう」と気持ちが凹み、思わず歩みを止めたくなった経験はみなあるはずだ。

そんなときこそ意識づけによってモチベーションを奮い立たせ、実行速度を上げていくためのセルフトークが役に立つのである。

「終わらなくてもいい」という割り切りも重要

せっかく計画を立てたなら、できるだけ計画通りに実行することが重要なのは、言うまでもない。ただ、人には欲があるのでＤＯやＴＯＤＯを書き出すときに理想に燃えて、やたらと詰め込む傾向がある。

これは実行に移すまではたいていどんな人もモチベーションが高いことも関係している。受験勉強を始めるときに参考書をやたらと買ってくる行動などはその典型的なパターンだ。しかし、**あまりにTODOを詰め込みすぎて結果的に完遂できないことが増えると、人によっては自己不信に陥ってしまう。**

これはPDCAをドライブする源泉となるやる気を大きく削ぐ結果になりかねない。

私もかつてそのような経験をし、ある日を境に割り切ることを覚えた。

「終わらなくてもいい」と。

ただし、これには前提条件がある。

普段から優先順位の高いことから順番に着手していること、である。

自分の抱えている仕事を精査してみれば、実は2割くらいはやらなくてもいいことである場合がザラである。上司の思いつきで振られた雑用や、担当者が休暇中なので後回しにできる資料作りや、中身のない会議など。そうしたことを曖昧にしたままだと簡単な仕事から着手することになり、本来やるべきことがオーバーフローしてしまう。

それではなかなか成果につながらない。

私の場合、TODOリストを定期的に見直す際に、優先度が低くなかなか着手できてこなかったものは**「アイスボックス」**に入れるようにしている。

アイスボックスとはＩＴ業界の開発用語で「いつかはやるけど、いまやることではないタスク」のこと。食べ物でいえば「いつか食べるけど今日ではないから冷凍庫に入れておこう」という行為である。

具体的にどうしているかというと、ＴＯＤＯ管理アプリのカテゴリータグのひとつとして「アイスボックス」というタグを作る。そこにはたったひとつ、クラウド上にあるテキストファイルへのリンクがあるのみだ。実際に先送りするＴＯＤＯは、そのテキストファイルにどんどん付け足していく。

ＴＯＤＯのリストに未完了のタスクが大量に並ぶと、仕事に追われて制御不能になっている「アウトオブコントロール感」が強くなり、精神衛生上マイナスだからだ。その負の要素を少しでも軽減するためにわざわざ別ファイルに分けている。「未完了」が多くなりすぎると必ずといっていいほど、不安になり、モチベーションの低下につながるのだ。

もちろん、アイスボックスに入れたら忘れてもいいわけではないので、1、2週間に1回はアイスボックスを開けて「そろそろやるタイミングだな」といった振り返りを行うことを忘れてはいけない。

鬼速クエスチョン

実行編

- 解決案を実現するために考えられるアクションはなんですか？
- 他のアクションは考えられませんか？
- 書き出したアクションのなかで、とくに優先度の高いものはどれですか？
- アクションの結果を数値化するとしたらどのようなものが考えられそうですか？
- アクションをスケジュール帳に書き込むとしたら、どういった具体的なタスクになりますか？
また、それはいつまでに行うべきですか？
- いままで考えてきた計画が今後何かの壁に直面すると仮定すると、どのような原因が考えられますか？
また、それを事前に防止できそうなら、どういった方法が考えられますか？

5章

実行応用編：鬼速で動くための「タイム マネジメント」

なぜ、いつのまにか忙殺されるのか？

忙しさや業務難易度を心理的なステージに置き換えたものとして、コンフォートゾーン、ラーニングゾーン、パニックゾーンという3階層についてはご存知だろうか。

コンフォートゾーンは文字通り、居心地がいい状態。「やりたいことしかやらない」「重荷として感じるものはすべてパス」する状態である。そしてラーニングゾーンは適度に忙しいが充実感がある状態。パニックゾーンは完全に自分のキャパシティを超えるほど忙しい「逼迫した状態」のことだ。

人や企業が成長するためにはコンフォートゾーンを出ることが大前提である。仕事の難易度が上がれば、仕事の量も増えるので仕方のない話である。

ただ、そうかといってあまりにやるべきことが増えるとパニックゾーンに入ってしまい、一気に生産性が落ちてしまう。

よって人や企業にとっての理想は、常に「適度に忙しい」状態のラーニングゾーンを維持することになるのだが、そのためにはタイムマネジメントで適時、自分の抱える仕事量

図5-1 ストレスの階層

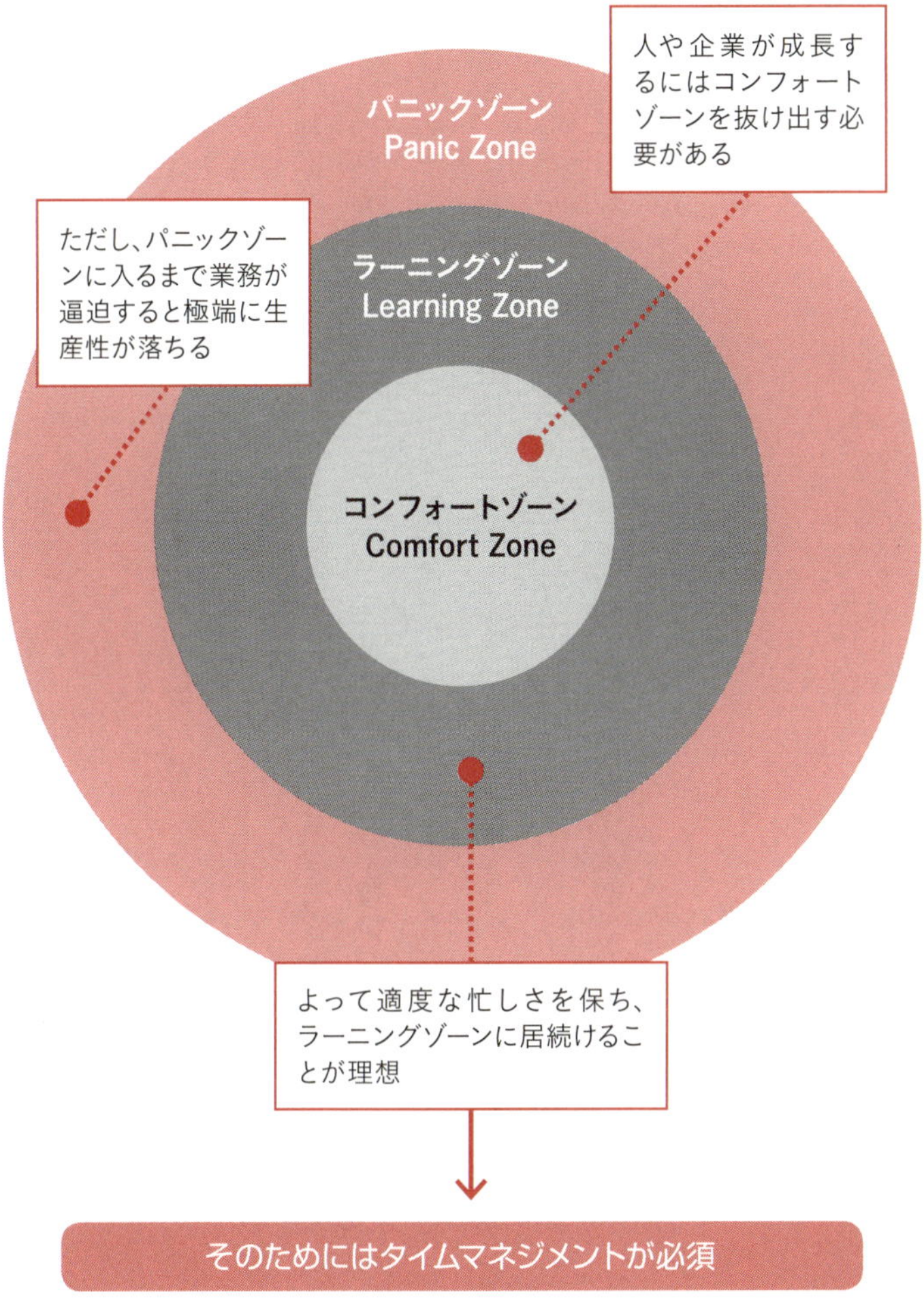
人や企業が成長するにはコンフォートゾーンを抜け出す必要がある
パニックゾーン
Panic Zone
ただし、パニックゾーンに入るまで業務が逼迫すると極端に生産性が落ちる
ラーニングゾーン
Learning Zone
コンフォートゾーン
Comfort Zone
よって適度な忙しさを保ち、ラーニングゾーンに居続けることが理想
そのためにはタイムマネジメントが必須

を調整する必要がある。

タイムマネジメントの3大原則

時間がなければいくらTODOが整理されていても実行に移せない。

事実、若いビジネスパーソンほどマルチタスクに苦手意識を持つ。

とくにはじめてチームを率いるような立場になると、自分のことに専念するわけにもいかなくなるし、より俯瞰した目線でさまざまなPDCAを回していかないといけない。これではあっさりパニックゾーンに入っても仕方がない。

そのときにはじめてタイムマネジメントの必要性を痛感するわけだが、タイムマネジメントといっても方法は3つある。

① 捨てる
② 入れかえる
③ 圧縮する

あくまでも、この順番で行うことがポイントだ。

マルチタスクというと、いまの時間の使い方を効率的にするために時間を圧縮することを真っ先に考える人がいるが、それは順番的には最後に行えばいい。また新しいDOと既存のDOの優先度を比較してスイッチングをすることも考えられるが、それは2番目でいい。

真っ先に考えるべきは**「いま抱えているDOで捨てられるものはないか？」**である。

それが一番簡単で効果があるからだ。

図5-2　タイムマネジメントの3大原則

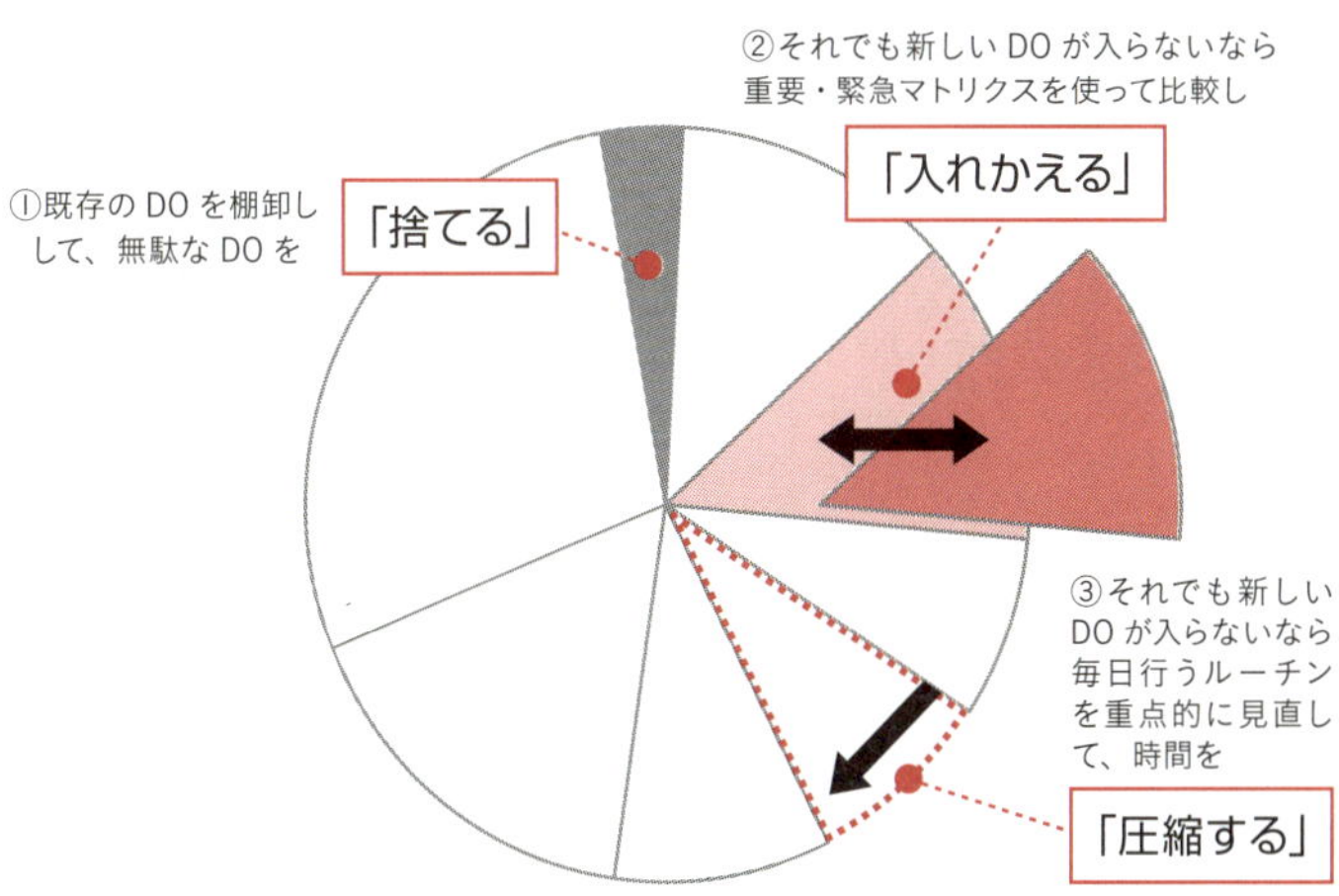
②それでも新しいDOが入らないなら
重要・緊急マトリクスを使って比較し
「入れかえる」
①既存のDOを棚卸しして、無駄なDOを
「捨てる」
③それでも新しいDOが入らないなら毎日行うルーチンを重点的に見直して、時間を
「圧縮する」

「捨てる」ために既存のDOの棚卸しをする

捨てられるDOを浮き彫りにするには、現状抱えているDOをすべて洗い出し、その時間配分を把握しないといけない。あきらかに毎日仕事をサボっていることを自覚しているのであれば真っ先にその行動を捨てるべきだが、それ以外にも捨てられる可能性があるものが潜んでいるかもしれないので、いったんすべて書き出す。

さも壮大な作業のように思うかもしれないが意外と簡単である。

新たに追加したいDOが仕事関連であれば職場での行動を、プラベートなDOであればプライベートな時間の過ごし方を可視化すればいいだけだ（例外的にフリーランスの方など、仕事とプライベートの時間の境が曖昧な人は、両方を棚卸しする必要があるかもしれない）。

棚卸しする単位は1週間が最適だろう。

具体的な行動は変わっても、1週間の業務フロー（やプライベートな時間の使い方）はそう変わらないはずだからだ。

職場なら一日平均9時間働いていたとしても5日で45時間。その45時間をどんな作業で何時間使っているのかがわかればいい。1日にどのくらい時間をかけるか計測して、それを週に何回行うかで掛け算をすればいい（資料づくり10時間、電話対応4時間、など）。

参考までに、付録として実際に当社で活用している「工数棚卸しシート」のサンプルも巻末からダウンロードできるよう用意した。

この作業は一度でもやればそのあとは比較的すんなりと書き出せるはずだし、もし肌感覚でしかわからないのであれば、生活のログを取るアプリなどで一度、自分の1週間の行動をリサーチしてみれば

図5-3　工数棚卸しシート

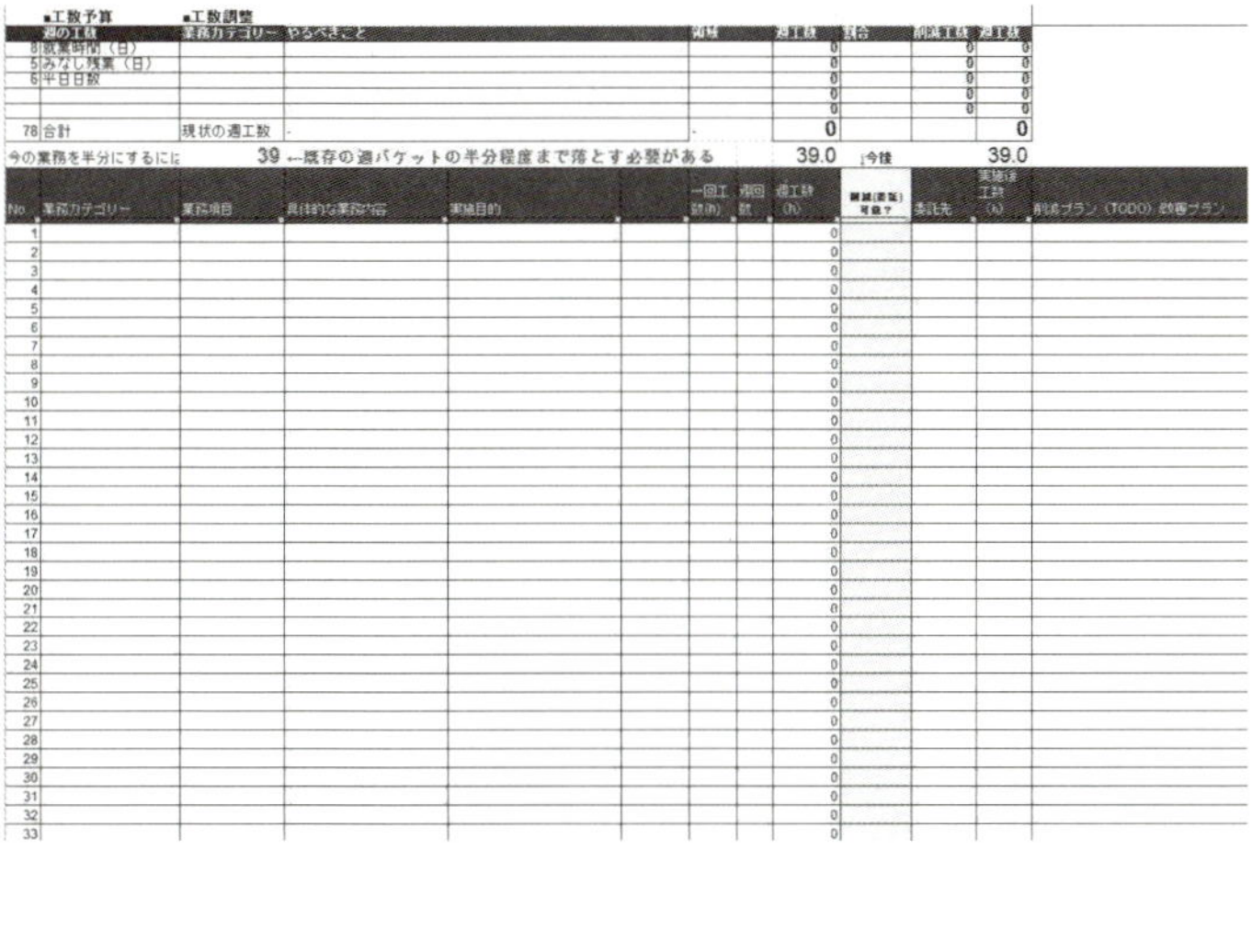

■工数予算　■工数調整

週の工数		業務カテゴリー	やるべきこと	期限	週工数	割合	削減工数	週工数
8	就業時間（日）				0		0	0
5	みなし残業（日）				0		0	0
6	平日日数				0		0	0
					0		0	0
					0		0	0
78	合計	現状の週工数	-	-	0			0

今の業務を半分にするには　39 ←既存の週バケットの半分程度まで落とす必要がある　39.0　↓今後　39.0

No.	業務カテゴリー	業務項目	具体的な業務内容	実施目的		一回工数(h)	週回数	週工数(h)	削減(委託)可能？	委託先	実施後工数(h)	削減プラン（TODO）/移管プラン
1								0				
2								0				
3								0				
4								0				
5								0				
6								0				
7								0				
8								0				
9								0				
10								0				
11								0				
12								0				
13								0				
14								0				
15								0				
16								0				
17								0				
18								0				
19								0				
20								0				
21								0				
22								0				
23								0				
24								0				
25								0				
26								0				
27								0				
28								0				
29								0				
30								0				
31								0				
32								0				
33								0				

いい（感覚的に書き出すと大抵大きくズレる）。

この棚卸し作業が強烈に効くのはプライベートな時間の棚卸しだ。

職場の場合は目の前に山積みされた仕事という明確な目標があるので、それなりに時間に対する意識は働きやすいが、「プライベートな時間まで管理するのはちょっと疲れる」という人がほとんどだろう。

実際に当社のワークショップでも社員にプライベートな時間を棚卸ししてもらったが、ほとんどの社員が、自分が想像していた以上に無駄な時間が多いことを知って驚いていた。

もちろん、一切無駄を省いたストイックな生活を送るべきだとは言わない。ボーッとする時間、友人と遊ぶ時間、趣味に没頭する時間、家族と過ごす時間など、基本的に人はすべて必要だと思って行動しているはずだ。

問題は加減である。

例えばスマホのゲームで週に20時間も使っていたら、その半分くらいは捨ててもいいのではないか、という話である。

「入れかえ」のために重要・緊急マトリクスを使う

さて、時間の「贅肉」を削ぎ落としてもなお新しいDOを実行する時間がないなら、既存のDOと新しいDOを優先度で比較して入れかえる。そこで使うのが『7つの習慣』でおなじみの「重要・緊急マトリクス」だ。

横軸が緊急度、縦軸が重要度。そして第Ⅰ事象が「重要・緊急」、第Ⅱが「重要・非緊急」、第Ⅲが「非重要・緊急」、第Ⅳが「非重要・非緊急」になる。

そこにまず、4章で洗い出した現状のDOをプロットしていく。

実際にDOをプロットする場合の基準としては、重要度については3段階に分けて、上位の2つを重要領域に、最下位を非重要領域に置く。緊急度については3ヶ月未満の話であれば緊急、3ヶ月以上であれば非緊急に置けばいい。

なお、他のDOと後ほど比較するので、同じ事象に置くときも重要度と緊急度に比例した場所にプロットできると、なおいい。

ちなみに先ほどの「捨てる」プロセスをこのマトリクスで行ってもいい。いざ自分の時間の使い方をマトリクスで整理してみると、「非重要」領域に属するＤＯが想像以上に多いことに気づくだろう。

マトリクスにプロットする作業は、やったことがない人は迷うのではないかと心配すると思うが、当社の若手社員はみなすんなりできたのであまり心配しなくていい。巻末付録にもつけたので実際にやってみてほしい。

プロットが終わったら、新たに追加したいＤＯがどの事象に該当するのかを考え、入れかえできそうなＤＯを探す。

当然、入れかえの第一候補が第Ⅳ事象になることはおわかりだろうが、第二候補は第Ⅲ事象（非重要・緊急）領域である。

この第Ⅲ事象に入ってくる典型的なＤＯとは以下のようなものがある。

仕事での第Ⅲ事象の例

・上司の思いつきで振られた雑用
・形骸化した会議や報告書
・先輩の愚痴を聞くこと

図5-4 重要・緊急マトリクス

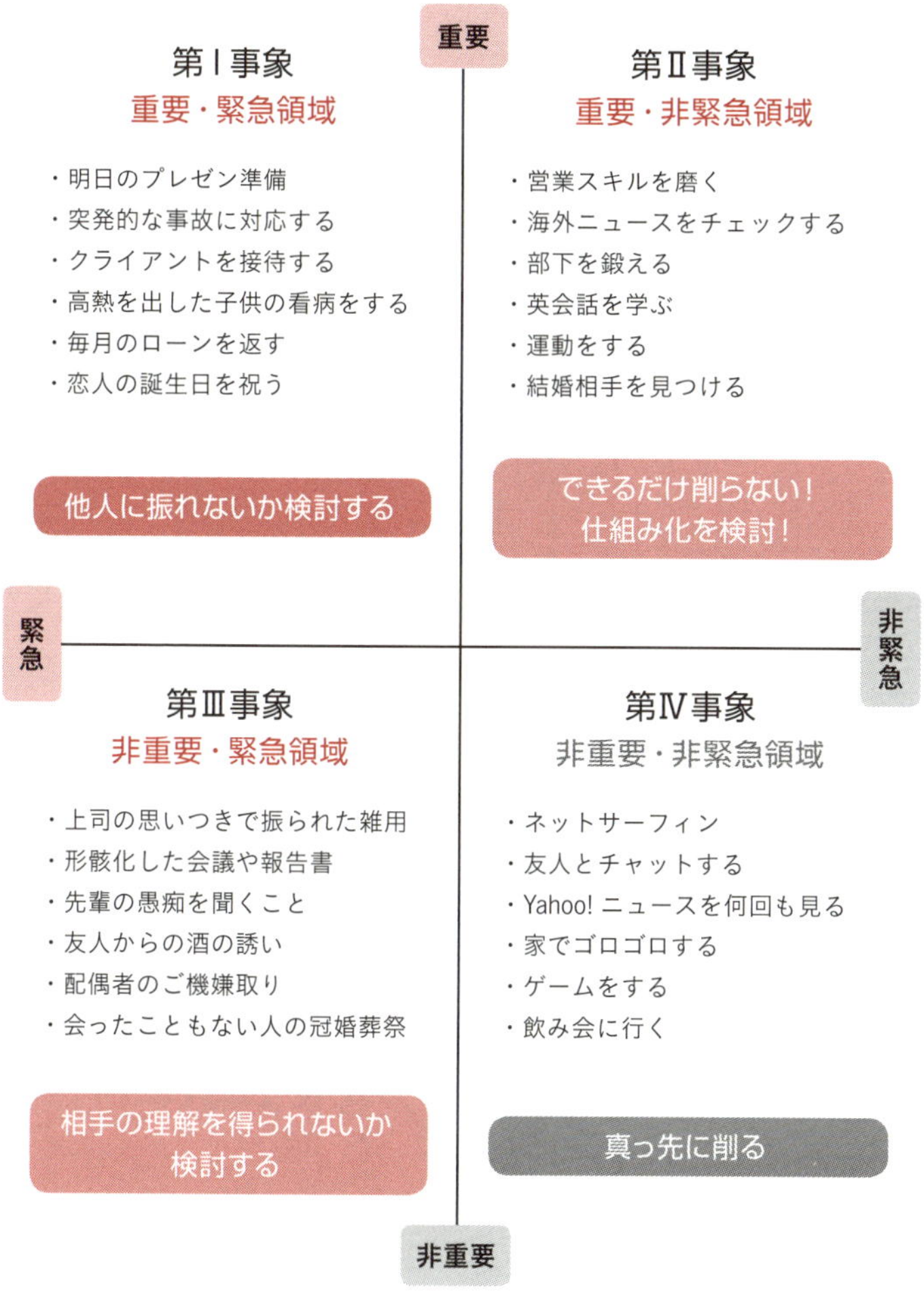
重要
第Ⅰ事象
重要・緊急領域
・明日のプレゼン準備
・突発的な事故に対応する
・クライアントを接待する
・高熱を出した子供の看病をする
・毎月のローンを返す
・恋人の誕生日を祝う
他人に振れないか検討する
第Ⅱ事象
重要・非緊急領域
・営業スキルを磨く
・海外ニュースをチェックする
・部下を鍛える
・英会話を学ぶ
・運動をする
・結婚相手を見つける
できるだけ削らない！
仕組み化を検討！
緊急
非緊急
第Ⅲ事象
非重要・緊急領域
・上司の思いつきで振られた雑用
・形骸化した会議や報告書
・先輩の愚痴を聞くこと
・友人からの酒の誘い
・配偶者のご機嫌取り
・会ったこともない人の冠婚葬祭
相手の理解を得られないか
検討する
第Ⅳ事象
非重要・非緊急領域
・ネットサーフィン
・友人とチャットする
・Yahoo! ニュースを何回も見る
・家でゴロゴロする
・ゲームをする
・飲み会に行く
真っ先に削る
非重要

プライベートでの第Ⅲ事象の例

・友人からの酒の誘い
・配偶者のご機嫌取り
・会ったこともない人の冠婚葬祭

誤解を恐れずにこれらの共通点を言えば、「他人が強く要求してくるが、自分にとってはどうでもいいこと」である。つまり、相手との調整ができれば無駄が省ける可能性が残されているということだ。

とくに職場の場合、ＰＤＣＡを回す習慣がない組織ほど無駄な仕事が多い。しかし「慣例だから」というだけで緊急度が上がるわけである。それを打破するには相当なエネルギーを要するが、その方法について検討してみるいい機会になる。

第Ⅲ領域を検討してもスイッチングできないのであれば、次は第Ⅰと第Ⅱの「重要」領域の出番だ。

一般論で言えば第３候補は緊急度の低い第Ⅱ領域（重要・非緊急）になると思われがちだ。ましてや新しいＤＯが急を要するものであれば、重みづけとしては新しいＤＯが勝る。ただ、個人的にはこの第Ⅱ事象はできるだけ削りたくない。

なぜならこの領域はいずれも成長の原資だからである。

仕事での第Ⅱ事象の例

・営業スキルを磨く
・海外のニュースをチェックする
・部下を鍛える

プライベートでの第Ⅲ事象の例

・英会話を学ぶ
・運動をする
・結婚相手を見つける

このようにいずれも「将来、大きなリターンが期待できるもの」だ。
ちなみに、DOからTODOに変換する際にTODOリスト化しづらい「継続的に行うDO」は、ここにくる。例えば、宿題を終わらせる行為は緊急性が高いが、毎日、自主的に勉強する行為は非緊急である。しかし、やっていることは勉強なので、重要度はいずれも高い。

よって、緊急性だけで第Ⅱ事象を切り捨ててしまうと、例えば「勉強する」「スキルを磨く」「鍛える」といったあらゆる自己研鑽のためのタスクが切られてしまうのである。

とくに仕事の生産性を上げるタスクは、中長期的に考えれば絶対にプラスになることは理解できるだろう。高速でブラインドタッチができるようになれば一生で何千時間も浮くのに、真剣に鍛えようとする人が少ないのは、それだけほとんどの人は緊急性の高いタスクに振り回されている証である。

よって、第Ⅱ事象はできるだけ削らない前提で策を練ってほしい。それよりもむしろ、第Ⅰ事象（重要・緊急）のタスクで他人に振ったり、協力を得たりできないかを検討するほうが現実的である。

「時間圧縮」のためにルーチンを見直す

無駄を省き、タスクの入れかえも行って時間がないなら、最後は「時間の圧縮」である。

このとき再度役に立つのは「捨てる」ステップで行った既存のＤＯの洗い出しだ。それらのＤＯのなかで「より短い時間で終わらせる方法はないか？」と考えるのである。

このあたりは生産管理に携わる人は詳しいだろう。大量生産を行う工場などでは、秒単位で工程を計測し、徹底した合理化を目指す。

そこまでの緻密さを追求する必要はないが、例えば一日に何度も別フロアにあるコピー機まで歩いているとしたら、一気にまとめてやろうかなといったレベルの時間圧縮なら考えられるはずだ。毎日、何の疑問も抱くことなく続けているルーチンのなかにこそ非効率なものが潜んでいる。

一例を挙げれば、1日に約50件のメールを受信する私の場合、1週間のうち「メールチェックと返信」に費やす時間は5時間近くあった。

これはもっと削れるのではないかと思い、件名だけで見るべきかどうかを判断するようにしたり、（基本ではあるが）返信する際の定型文の辞書登録を増やしたり、工夫をこらしてこれを3時間分圧縮することに成功した。

ルーチンを短縮できれば年間ではかなりの時間を捻出できる。スティーブ・ジョブズやマーク・ザッカーバーグが同じ服を着るのは毎朝の服選びで迷う時間を圧縮するためであることは有名な話だ。男性のベンチャー企業経営者のなかには、髪を乾かしてセットする時間を圧縮するために坊主にしている人もいる（「圧縮」というより「捨てる」行為だが）。

ちなみに1日15分圧縮できれば、365日で延べ91・25時間の節約ができる。

「重要・非緊急」領域を実行する方法

先ほど「重要・非緊急」領域の重要性と、いかに緊急領域に振り回されやすいかについて触れたが、PDCAを確実に、かつ複数を同時に回すためには、どうしても後回しになりがちな「重要・非緊急」領域をいかに遂行できるかが大きな鍵を握る。

その方法は大別して2つある。

｜ 仕組み化し、日常生活に組み込む

タスクだと思うから天秤にかけるわけであって、それをなんらかの形で仕組み化して、できれば普段の生活のなかにビルトインして、最終的には習慣にしてしまえばいい。最初は自己ルールとして強く意識する必要があるが、慣れてしまえば大した苦にはならない。

仕組み化としては強制的に毎日振り返りを行う「ルーチンチェックシート」がもっとも効果があるが、それ以外にも方法はいくらでもある。

かつて私がビジネススクール留学を目指して英語の勉強を課題に掲げていたときは次のような工夫（DO）をしていた。

英語の勉強を生活に組み込んだ実例

・携帯やパソコンのOS設定を英語に変えた
・情報源の約半分を英語に変えた（ウォールストリートジャーナル、ファイナンシャルタイムズなどを購読。スピードは落ちるが効果は抜群）
・英語のできる友人であれば日本人同士でもコミュニケーションを英語に変えた
・スケジュール帳を英語で書くようにした
・社内研修の感想文を英語で書いた（人事部からは怒られたが）
・聞く音楽を邦楽から洋楽に変えた

「生活にビルトインする」とは、まとまった時間を用意して机に座って取り組むという正攻法以外のDOを考えることである。

あまり強制感があったり、あきらかに日常生活に支障をきたすような自己ルールだと逆にモチベーションが下がるので注意したい。もっとも大事なことは継続することなので、まずは気軽にできそうなことから始めるといいだろう。

2 強制的に「緊急領域」に移動する

これはいまでも多用するテクニックである。「重要・非緊急」を「重要・緊急」にしてしまうのである。

例えばデジタルメディアの知識をつけたいと思ったら、私はそのテーマでセミナー登壇の予定を入れてしまう。

もちろん、セミナーではなく、そのテーマで会議を予定してしまうことでもいいし、個人であれば「1週間後に、勉強したことをまとめてブログにアップする」とブログ上で宣言してしまうことでもいい。とにかくその期日までに自分が成果をアウトプットできるレベルになっておかないとマズイ状況を無理やり作るのだ。

資格試験などであればさっさと申し込んでしまうのもいいだろう。受験日は変わりようがないし、受験料も払っているので勉強の優先度を上げざるをえない。

ちなみに英語を真剣に勉強したいならＴＯＥＩＣよりＴＯＥＦＬのほうがおすすめだ。ＴＯＥＩＣは6千円弱で受けられるので「ダメならまた受ければいいや」と自分に言い訳がしやすくなるが、ＴＯＥＦＬは２３０ＵＳドルかかるのでがぜん本気度が増す。

6章

検証：正しい計画と実行の上に成り立つ「振り返り」

検証に失敗する2大パターン

CHECKとは日本語で「検証」「観察」「点検」「評価」「振り返り」などと訳される。

検証する対象は、次の3つである。

・KGI：ゴールの達成率
・KPI：サブゴールの達成率
・KDI：行動計画の達成率

そして、それらが想定より遅れているのであれば「うまくいっていない要因」を、または順調に推移しているのであれば「うまくいっている要因」を突き止める。

ここまでが検証フェーズである。

検証フェーズのステップの解説に入る前に、検証フェーズに関連してPDCAが失敗しやすいパターンが2つあるので触れておきたい。それは「せっかく計画を立て実行に移しているのに検証をしないパターン」と、「ろくに計画も立てていないのに形式的に検証を行おうとするパターン」である。

検証をしない「やりっぱなし派」

勢い良くダッシュしても、あさっての方向に走っていては意味がない。

しかし、現実問題、実行ばかりに気をとられて検証をおろそかにすることはよくある。

「振り返りの時間がないんですよね」という言い訳もいままで何百回も聞いてきた。

しかし、私が営業マンだったころは飲み会などのアポをわざわざ平日に入れて（金曜も気が緩んで深酒してしまうので避けていた）、週末はインプットと振り返りの時間にあてていた。土日を100%、自分の成長のための時間にあてられる人はそう多くないだろうが、要は覚悟次第で時間はいくらでも作れるということを言いたいのである。

おそらく振り返りが苦手な人は、立ち止まって考えるよりも汗を流して走り回っているほうが前に進んでいる印象を受けるのかもしれない。確かにそれはそれで「頑張っている充実感」はあるのかもしれない。

でも、その結果、同じミスを平気で繰り返したり、いつまでもゴールから遠ざかっていることに気づかないままでいたりするのは、正直、もったいない気がする。

最速でゴールに到達するには検証頻度を上げることは基本中の基本である。

そして肝心なことは「時間があったらやろう」ではなく、アプリのカレンダーの繰り返し設定で「日曜の10～11時振り返り」とあらかじめスケジュールを押さえることである。

たったそれだけで、「とにかく実行。気が向いたら検証」ではなく、「次の検証に向けて実行しなければ」と明らかに意識が変わるはずである。

2　検証しかしない「形から入る派」

①とは真逆のパターンだ。

ＰＤＣＡを少しだけかじったことがある上司などは「ＰＤＣＡは振り返りが肝心」というイメージを持ちやすいため、社内会議などで若手がＰＤＣＡの重要性について指摘しても「じゃあ週１で会議やろうか」といった案しか出さない。

しかし、計画の精度が悪く（課題抽出が甘く、ろくにＫＰＩもない）、実行フェーズもグダグダであれば（ＫＤＩがない）、いざ会議を開いてもまともな検証ができるわけがない。

せいぜい「もうちょっとがんばろうか」とハッパをかけるか、メンバーが１週間行った作業の説明を延々とするといった無意味なことで終わる。

動きの遅い会社の典型である。

仮に誰かが課題を提示しても、仮説思考に立っていないと論点の収拾がつかないので、結果的に「ぼんやり悩む」だけで答えが出ない。

もちろん、それをきっかけにPDCAサイクルが回り始めることもあるので全否定するつもりはないが、慢性的にこのようなことを繰り返しているようでは考えものである。

さて、検証のステップは5つに分かれる。これから説明していこう。

ステップ① KGIの達成率を確認する

検証の第1ステップは便宜上、KGIの達成率の確認とした。

実際の検証では、扱うテーマの細かさから言って、検証頻度はKDIがもっとも高く、次にKPI、そしてKGIの順になる。

「はじめに」でも触れたように、当社ではチームミーティングを週に2回行うが、そこでのメイントピックはKDIである。KPIも取り上げることはあるが、重要KPIレベルの検証になると成果が出る期間がマチマチなので、別途マネジメントレベルで週に1回精査を行うものもあれば、3週に1回程度の頻度で精査を行うケースもある。また、**KGIレベルになると本格的な検証は月に1回くらいのレベルになるだろう。**

もうひとつ付け加えると、経営者や営業マンにとっての売上や、当社にとってのサイト訪問者数といった「KGI」や「最重要KPI」レベルの数値については、本格的な検証と対応策の検討は定例会議で行うとしても、数字の把握は日々の意識づけのためにも、チームメンバー全員が毎日行うべきである。

当社でも、前日のトラフィック数や月間訪問者数といった数値は、毎朝担当者がチャットで各々のチーム内に送信する仕組みにしてある。

図6-1 KGIの達成率

営業編

KGI	達成率
3ヶ月後には月10件、新規開拓をしよう	（1ヶ月後の時点） 達成率60%

英語編

KGI	達成率
3ヶ月後のTOEICで800点を目指そう	（2ヶ月後の時点） 達成率70%

ステップ②　KPIの達成率を確認する

第2ステップはKPIの検証である。「結果目標」に対する達成率で把握されるものだ。

数字の比較なのでここは何も難しくないが、ポイントを挙げるとすれば、あらかじめ検証頻度に応じてKPIの尺度を合わせておくことである。

例えば、KPIが年間売上1億円だとして週に1回検証を行うときは、週次に割り算をすれば目標は200万円だとすぐ計算できる。前述のとおり、当社ではこうした検証期間ごとにブレイクダウン

図6-2　KPIの達成率

営業編

KPI	達成率
プレゼンの勝率 20%増	達成率 25%
アポイント1日3件増	達成率 66%
受付突破率 10%増	**達成率 25%**

【最重要 KPI = 受付突破率】

英語編

KPI	達成率
リーディング Part7 の設問を1分で解ける割合 20%増	達成率 -20%
リスニング演習アプリの正解率 10%増	達成率 100%
単語練習アプリの正解率 20%増	**達成率 75%**

【最重要 KPI= 単語の正解率】

したＫＰＩのことを「ラップタイム」と呼んでいる。その検証対象の期間の「ラップタイム」を達成したかどうか明確に把握するためである。

それによって反省点や課題がより明確になり、微修正をかけることができる。これこそＰＤＣＡの真髄であり、そうした微修正の積み重ねが最終的なゴールを実現するのだ。

なかには「顧客満足度を上げる」といったような、成果が素直に上がっていくとは限らないＫＰＩについては、一応ラップタイムの確認はしつつも、本格的な検証は月単位で行えばいい。

ステップ③　ＫＤＩの達成率を確認する

ＫＤＩは「予定通り行動できたかどうか」を示す指標である。こちらは「行動目標」の達成率（または進捗率）という形で表される。細かいＴＯＤＯの進捗具合は基本的に毎日確認と調整を行うことはすでに述べた通りだ。

あるＫＰＩを達成するために決めたＤＯが複数あれば、当然、ＫＤＩも複数存在することになる。ものによってはＫＰＩを達成する前に一部のＫＤＩは役目を終え、新たなＫＤ

図6-3 KDIの達成率

営業編

	KDI	達成率
同僚に擬似プレゼンをしてフィードバックをもらう	(1回) 擬似プレゼンをできたか	達成率100%
	(1回) 上司の許可を得て引き継ぎをしたか	達成率50%
	3ヶ月に1回引き継げた率100%	達成率100%
笑顔を鍛える	(1回) 参考になる動画が見つかったか	達成率100%
	毎日、笑顔を意識する(ラップタイム80%)	達成率50%
営業術の本をたくさん読んでヒントを探す	(1回) 買ったか	達成率100%
	週に2冊ずつ読む(ラップタイム100%)	達成率30%

英語編

	KDI	達成率
長文問題の過去問を何回も解く	(1回) 買ったか	達成率0%
	点数が上がるまで繰り返す(ラップタイム80%)	達成率0%
教材音源を毎日聞く	(1回) ダウンロードしたか	達成率100%
	通勤途中に聴く(ラップタイム70%)	達成率60%
オンラインで個人指導を受ける	(1回) 契約する	達成率100%
	週に1回受ける(ラップタイム100%)	達成率80%
単語帳を買ってひたすら覚える	(1回) 買ったか	達成率100%

Ｉが追加されることもある。つまり、実際に振り返りをするときの大半の時間はＫＤＩの検証に費やされることになるはずだ。

これは当たり前のようで実は盲点である。

例えば、こんな上司に遭遇したことはないだろうか？

上司「なんだよ今週の売上。ぜんぜん結果が出てないじゃないか」
部下「すみません。ちょっと時期的に優秀な派遣さんが確保しづらくて……」
上司「そんな細かい話はいいんだよ。まったく、どうやって上に報告すればいいんだ」
部下「ですから、方々の人材派遣会社にあたっているのですが……」
上司「だから、現場レベルの話は知らんと言っているだろう！」

部下としてはＫＰＩ未達の原因はＫＤＩなのでＤＯレベルの対策が必要だと言おうとしているのだが、ＫＤＩレベルの話は部下に押しつけようとする上司ではラチがあかない。

繰り返しになるが、**結果（ＫＰＩ）はコントロールできなくても、行動（ＫＤＩ）はコントロールできるのである。**組織の成果を上げたいなら、ＫＤＩの管理に、よりフォーカスすべきである。

ステップ④ できなかった要因を突き止める

ここが検証の本丸である。KGI、KPI、またはKDIが予想通りに推移していなかったときの要因を考える。

KDIの検証は比較的わかりやすいが、KGI、KPIは少し曲者だ。

それぞれのケースを見ていこう。

KDIが計画通り推移していないとき

予定していた行動目標が達成できないときに真っ先に考えられる要因は「時間」だ。

まずはQ1として「十分な時間をかけたか?」と問いかけることから始めるといいだろう。

もし十分な時間をかけたのなら、次にQ2として「なぜ時間をかけても未達なのか?」を考える。

その答えが「実行にあたって障害があったから」なのであれば、さらにどんな障害なのか分解していく（先ほどの例の「優秀な派遣社員が不足している」はここにあたる）。もし「時間をかけたがやり方に問題があった」というのであれば、やり方にフォーカスして徹底的な洗い出しが必要になる。もし「目標が高すぎた」または「思った以上に手間がかかった」のであれば、どれくらいなら実行可能なのか検討して、次の調整フェーズでKDIを変更すればいいだろう。要するに、ここが要因だろうと思えるまで「具体的に言うと？」という問いを繰り返せばいい。

Q1に対して「時間がかけられなかった」と答えた場合は、Q4として「なぜ時間をかけられなかったのか？」を考える。

「忙しかった」のであれば、たまたま突発的な案件が入って忙しかったのか、もともと抱えていたタスクが多すぎたのかで、その後の対策が変わるのでしっかり整理しておく必要がある。または、「単にやる気が起きなかった」のであれば、その原因を整理する。場合によっては、なぜそのPDCAを回すべきなのかという原点に立ち返る必要もあるだろう。

このように、**要因分析の基本は「なぜ」の繰り返しによる課題の整理である。**「もしかして要因はここかな」と思えるまで「なぜ」を繰り返すのだ。

図6-4 KDI未達時の要因分析のWHYツリー

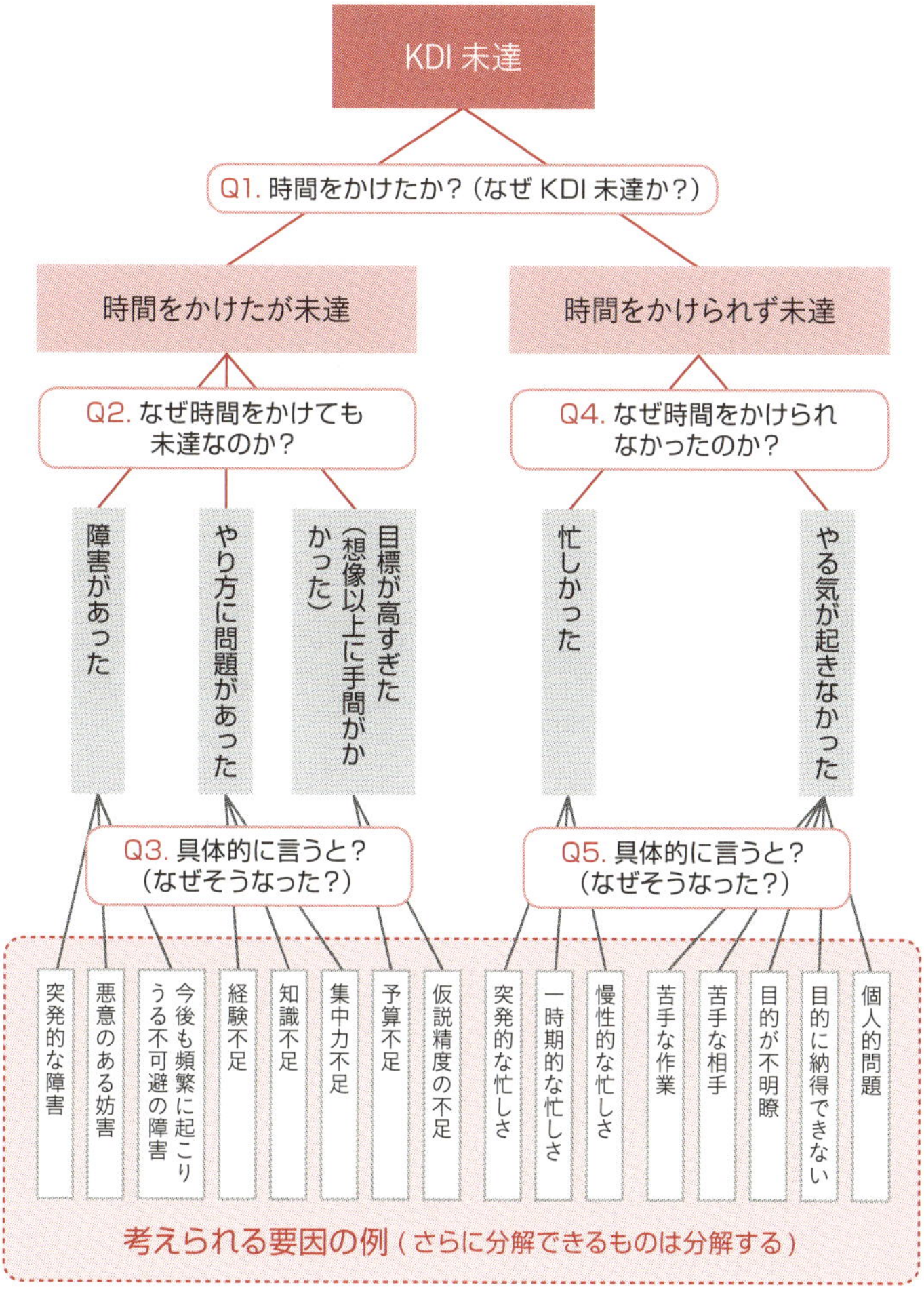

ＫＰＩが計画通り推移していないとき

ＫＰＩが達成できないときの原因は大きく分けると４つしかない。これらをまず突破口にしてみるといいだろう。

ＫＰＩ未達の４大原因

Ａ．行動が伴っていなかった（ＫＤＩが未達）
Ｂ．行動は合っていたが不十分だった（ＤＯの不足）
Ｃ．想定していなかった課題があった（課題が未発見）
Ｄ．仮説で立てた因果関係が間違っていた（ＫＰＩとＫＤＩの連動性が取れていない）

Ａ．行動が伴っていなかった

原因がここであれば誰でも気づくはずである。

ＫＰＩはＫＤＩの積み重ねである。ＫＤＩが未達なら、当然ＫＰＩは達成できない。前のページのＫＤＩ未達のＷＨＹツリーを使って要因を突き止めれば良い。

ただ、行動が伴っていなくて、なおかつ他にも要因があるケースもあるだろう。その場合は発見が遅れるので、TODOレベルの進捗管理をこまめに行いながらKDIを確実に達成していくことが重要になるのだ。

B．行動は合っていたが不十分だった

KDIは達成できたとしても、そのKDIだけではKPI達成には足りなかったというケースで、これはある意味想定内の事態といえよう。DOの段階でふるいにかけているはずなので、次の調整フェーズでは保留にしてあるDOを追加してみればいい。

C．想定していなかった課題があった

計画の段階で把握しておくべき要素を見落としていたときに起こる。

簡単な例で言えば、シンガポールの企業に協業に関するアポ獲得のため猛烈にメールアプローチを仕掛けているのに一向に返信がないので変だと思ったら、実は旧正月で会社が休みだったといったケースだ。

こうした要因を発見できるかどうかは当然、メンバーのデバッグ能力や経験値によるところが多いが、真っ先に疑うべきは自分の「思い込み」である。

計画の段階では誰しも「こうすればこうなるだろう」という仮説を立てる。すると、な

かにはそれを仮説でなく、真実であるかのように信じ込む人もいる。

実行フェーズにおいては自信満々で遂行できるのでいいことなのだが、**検証フェーズに入ったときは仮説に自信がある人ほど謙虚に、自分を疑ってかかることが重要だ。**

さもなくば、他の可能性が視界から消えてしまう。

逆に、計画の段階からさまざまな可能性を探った結果、「いろんな可能性があるけど、今回はこの仮説を試そう」と思える人は、検証フェーズでも冷静に仮説を疑うことができる。これが理想である。

横に視野を広げる

そもそも真の要因が見えないときに「縦」の深掘りが足りていないケースは滅多にない。たいていの課題は「横」、つまり視界より外にある。

部下の要因分析を私が手伝うときも、よくこのような質問をする。

「もし、要因がいま挙げたこと以外に潜むとしたら、どこにあると思う?」

「過去の事例とか自分の常識とかを外して考えると、どうだろうか?」

「このプロジェクトに1年間かけていいと言ったなら、できることはある?」

「もし、相手の会社の経営者になったとすると、どのようなことができるだろうか?」

こうした問いをすることで強制的に視界を広げるのである。

ここでの要因分析は計画フェーズの課題抽出とまったく同じである。ただ、計画時に立てた仮説が間違っていた可能性があることを踏まえると、計画のときより広い視点を持って分析する必要がある。

計画の応用編で書いた通り、漏れや抜けを防ぐために確実な方法はプロセスを可視化することだ。行っていること、起こりうることをすべてだ。

ただ、そうはいってもやはりここはそう簡単な話ではないし、ここだけのテーマでコンサルティング会社は驚くような金額の請求書を書いてくるレベルである。

私の経験上、**見えない課題が頻繁に隠れているのは「人」「情報」「地域」「時間・時期」「ターゲット」「コミュニケーション」などにまつわることである。**その例も書き出してみたので迷ったらぜひ参考にしてほしい。

とくに会社組織では、計画者が実行者の行動を把握していないケースが多いので厄介である（「人」および「情報」が問題のケース）。下請けにプロジェクトを丸投げしている企業が、問題が発生したときに状況が把握できず右往左往する姿はニュースでよくみかける。

丸投げは、ＰＤＣＡの丸投げでもあることを肝に銘じる必要がある

任せることは構わないが、定期的な頻度で報告を受け、継続的にレビューを行うことを

忘れてはいけない。

【課題が潜んでいる可能性が高いものを掘り出す質問】

「この人だったから問題だったのでは?」

　実行者の手段、コンディション、能力、経験、態度など

「この情報だったから問題だったのでは?」

　正確度、新鮮度、作為的なミスリードなど

「この地域だったから問題だったのでは?」

　国民性・県民性、慣習、文化、人口構成など

「この時間・時期だったから問題だったのでは?」

　時間帯、曜日、繁忙期、祭日、季節のイベントなど

「このターゲットだったから問題だったのでは?」

　地位、業界、年齢、性別、性格、理念など

「このコミュニケーションだったから問題だったのでは?」

　方法、印象、説得性、信用性、心理的負担など

D．仮説で立てた因果関係が間違っていた

これまでの視点で課題が見つからないとしたら、そもそも「KDIとKPIが連動していないのではないか？」と疑う必要がある。

KPIとは定量化された目標と現状のギャップに対する課題であり、KDIとは定量化されたDOだ。よって誤りが潜んでいるのは、

・KPIと解決案の関係（間違った解決案）
・解決案とDOの関係（間違ったDO）
・DOとKDIの関係（間違ったKDI）

のいずれかである。

PDCAはあくまでも仮説で動くので、こうした事態は決して珍しくない。間違っていることにいち早く気づくことがなによりも肝要である。

こうした連動性の確認は、KDIが100％に到達するまで待つ必要はない。

仮にKDIの達成率が50％であっても、仮説が正しければKPIは多少なりとも動くからだ。

例えば、当社の運営するサイト「ZUUオンライン」で特集を企画したとしよう。そこに新規記事を1本アップしたがサイト訪問者（UU）の伸び率がまったく上がらなかったとする。

もちろん、想定していなかった要因があるのか調べるが（例：ニュース配信サイトへのリンクの受け渡しがうまく行っていなかった）、もしそれに問題がなさそうなら、仮説がいよいよ怪しくなる。例えば「特集記事は作ったが、テーマがよくなかったのでは？」と。その場合、仮に当初のKDIが「10本の記事を投入すること」だったとしても、続けて2、3本投下した経過次第では編集長判断で企画を打ち切ることもある。

図6-5 KPIとKDIの連動性が取れていないケースとは

KDIは達成したが、KPIに全く反映されないとき……

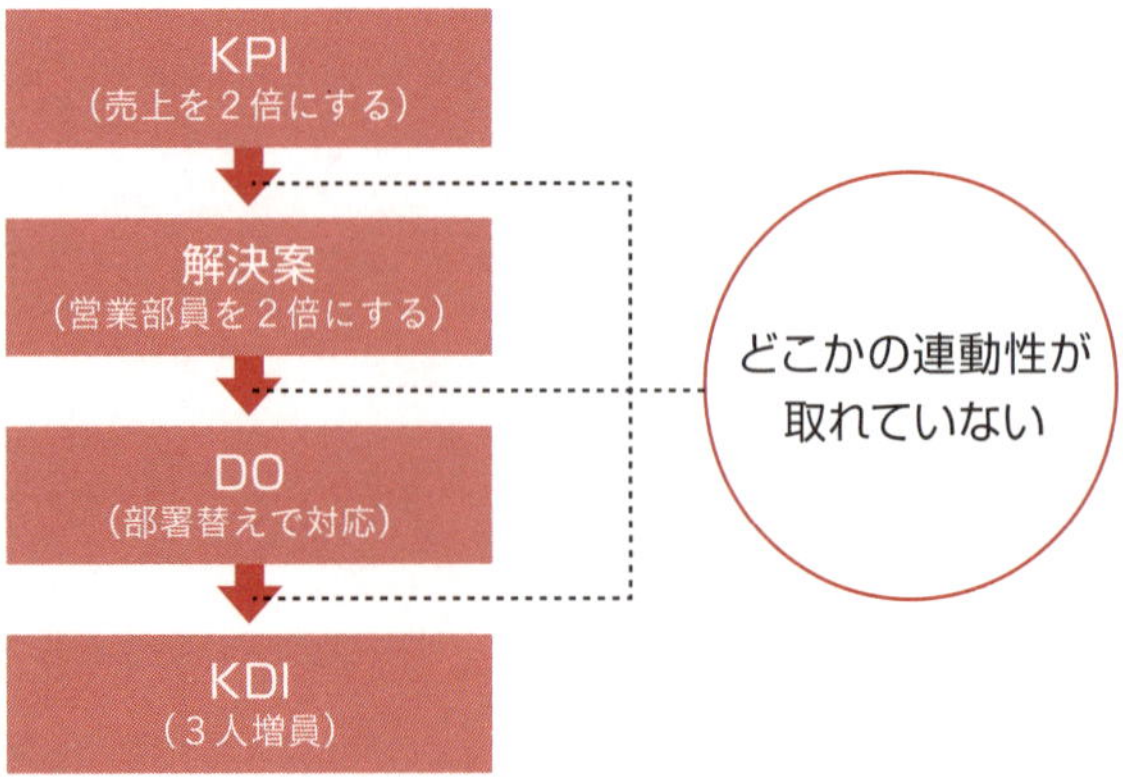

これを図式化するとこうなる。

課題：ＵＵ増加
↓
ＫＰＩ：ＵＵ伸び率２％
↓
解決案：特集記事を組むべきだ
↓
ＤＯ：「株主優待」特集にしよう **（↑この仮説が要因かも！）**
↓
ＫＤＩ：「株主優待」について記事を10本書く

ＫＧＩが計画通り推移していないとき

ＫＤＩもＫＰＩも順調に行っているのにＫＧＩがピクリとも反応を見せないのであれば、考えられる要因は２つある。

1．ＫＧＩと課題の連動が取れていない
2．課題とＫＰＩの連動が取れていない

のいずれかである。

前者は「頑張っているのに商品が売れないんです」と嘆く中小企業経営者や、「誰よりも訪問件数が多いのにいつも営業成績がビリなんです」と不思議がる営業マンが陥りやすいパターンである。つまり、もっともクリティカルな課題を見落としていることに気づかず、成果につながらない努力ばかりをしているのである。

ステップ⑤ できた要因を突き止める

「あなた（御社）が抱える課題は何ですか？」

こう質問されると、ほとんどの人が弱みを答える。

しかし、成果を出すには必ずしも悪いところを直すことだけではなく、いいところを伸ばしたほうが全体効果が大きいこともある。

課題解決至上主義の人は、この重要な点にまったく気づいていない。強みは自覚していても「強みだからいいや」と放置するのである。だからPDCAを回すときは「できなかった原因」だけではなく「できた原因」も分析すべきである。かつて私はもっと伸ばすべき自分の強み（課題）を「ブレイクスルーポイント」と呼んでいた。現在では「改善案」との対比がしやすいように「伸長案」と呼んでいる。

例えば、資料作りが得意な営業マンが、しゃべることが苦手だからといって対面スキルのPDCAばかりを回すことはあまりにもったいない。いまや、いいスライドを作ったらネットでバズる時代である。資料単体でバズるということは一言も発さないでも大きな価値があるということだ。それなら、資料作りをそのレベルまで極めてみるという伸長案も当然あるはずだ。

それを決めるのは次の調整フェーズだが、この検証の段階で「資料がよかったから契約とれたのかな」と気づくことができなかったら、その伸長策は出てこないのである。

できた要因を考えるようになれば、きっと検証フェーズも楽しいものになるだろう。PDCAを回すときにいつも自分のできていないところばかり見ていては、たとえそれが前進につながるとわかっていても、あまりに課題が多いと陰鬱な気分になっても仕方ない。

自信とは自分が達成できたことを認識してはじめて湧いてくるものである。前進を続けるために自信はきわめて重要であり、上司としても「君の進んでいる道は正しい」と教えてあげることが大切だ。

できたことを振り返る行為は、創作料理をレシピ化する作業に似ている。

そのレシピ化には計画と実行フェーズでの仮説が欠かせない。料理をする前に分量や手順を書いておくメモのようなものだ。適当にスパイスや隠し味を入れてカレーを作った結果、とんでもなく美味しいカレーに仕上がったとしてもメモがなければ再現はできない。「今回はこれでやってみよう」という仮説思考で動くからこそ検証が活き、再現性が高まるのである。

さらに言えば、再現を繰り返していればそのレシピはデフォルト化する。

体が勝手に覚えるようになるので、余計な頭を使わなくてよくなる。結果、美味しい料理を作りながら、なおかつ他の家事も回せるようになるわけだ。いわゆる習慣化のことである。

検証精度とスピードの関係

先述した通り、鬼速でPDCAを回すのはKDIである。行動をすれば課題にぶつかる。だからできるだけ早くその課題を解決することで実行力が上がる。

ではKPIに関してはじっくり検証するのかと言われれば、そうではない。

KPIの検証に関しても、「検証可能な範囲内でできるだけ早く」が基本である。

焦りは禁物だが、じっくりはもっと禁物なのである。

具体例を示そう。

新たにメールアプローチをするとして、業界の平均的な返信率が2％だとする。単純計算で50件に1件なので、最低50件は行わないと検証はスタートできない。

ただ、あくまでも平均値にすぎないので、50件送っても返信が0の場合もある。よってこうした誤差が平均化され、安定するために必要と思われる母数、例えば300件といったサンプルを取ることになる。

この例のようにパーセンテージが低いKPIほど誤差が起きやすいので、母数も必然的に増えてしまう。逆にKPIが50%もあるようなレベルであれば、もしかしたら母数は30件でいいかもしれない。

こうしたとき、鬼速でPDCAを回すことに対して、次のように反論してくる人もいる。

「サンプルが少ないのに検証ばかりしていたら、逆に仮説の精度が下がるのでは?」と。

しかし、それは誤解である。

大事なことは、母数の設定を曖昧に行うのではなく、ここも仮説からはじめてPDCAを回すことで「必要最低限」を追求することである。

もちろん、KPIといってもSEO対策のように結果が出るまでどうしても時間がかかるものもある。

こういった性質のものはさすがに数ヶ月単位で検証する必要がある。ただし、その間、実行フェーズの進捗はとくに念入りにチェックする。数ヶ月待った挙句、「KDIが未達だったので検証できませんでした」では話にならない。

それに、過去の経験上、「1ヶ月すればこれくらいまで上がっているはずだ」という数値、言わば「想定ラップタイム」をあらかじめ計算しておいて、予想より動きが悪い場合は基本路線は変えずにテコ入れ策を検討することはよくある。

つまり、**本格的な検証が3ヶ月先でも、それまでノータッチということは絶対にしない。**

また、SNSに出稿する広告のA／Bテストのように、できるだけ早く最適解を見つけてアクセルを全開に踏みたいときは、必要最低限の予算をかけて一気にPDCAを回してしまう。わかりやすく言えば「お金で時間が買えるなら積極的に買う」ということである。

「気づき」があったらそれはC

普段の生活のなかで「なるほどな」と思える気づきがあったら、それはPDCAを回すきっかけになる。いままで気付かなかった自分の弱点が見つかったからだ。

これはPDCAで言えばCにあたる。

さらにそこから踏み込んで「なるほどな。じゃあ、自分もやってみようかな」と思えたらPDCAのAとPの領域に入り、実際に行動に移したらDだ。さらにその成果があったかどうかを振り返ったらC。立派なPDCAサイクルの完成である。

PDCAは、何も計画フェーズから始める必要はない。

大きな失敗をして自分の弱さに気づいたり（C）、本を読んでいますぐ実践したいことが見つかったり（A）すれば、PDCAの種は植えられたのである。

あとはそれを育む意志があるかどうかの問題だ。

若い読者の方には、日常生活で「なるほど」と思ったことがあれば、どんどん書き留めていくことをおすすめする。それを実際にPDCAとして回すかどうかなど気にしなくていい。あとになっても覚えているだろうとタカをくくっていても、たいてい忘れるのでとにかく反射的に書く。そして、その100個のメモのうち1個でもPDCAを回せば、それは必ず成長につながる。

私は営業マン時代から徹底したメモ魔だった。自分の日々の行動や考え方で改善できそうなもの、自分の強みと弱み、心に響いた先輩の言葉など、気づいたらメモに残した。

ここに私の新卒2年目の手帳に残されていたメモがある。そのいくつかを抜粋しよう。

・「だらける時間帯はPDCAや調べものなどうまく活用」
・「長電話は、いま必要なものならするが、そうじゃないならやめとこう」
・「自分の考えは周囲に押しつけない。自分のなかでそう動いていればいい。他人のためにストレスを溜めてもムダ」
・「背伸びと体ひねりはかなり役立つ！」

図6-6　手帳に書いていたワンウィークPDCAの写真

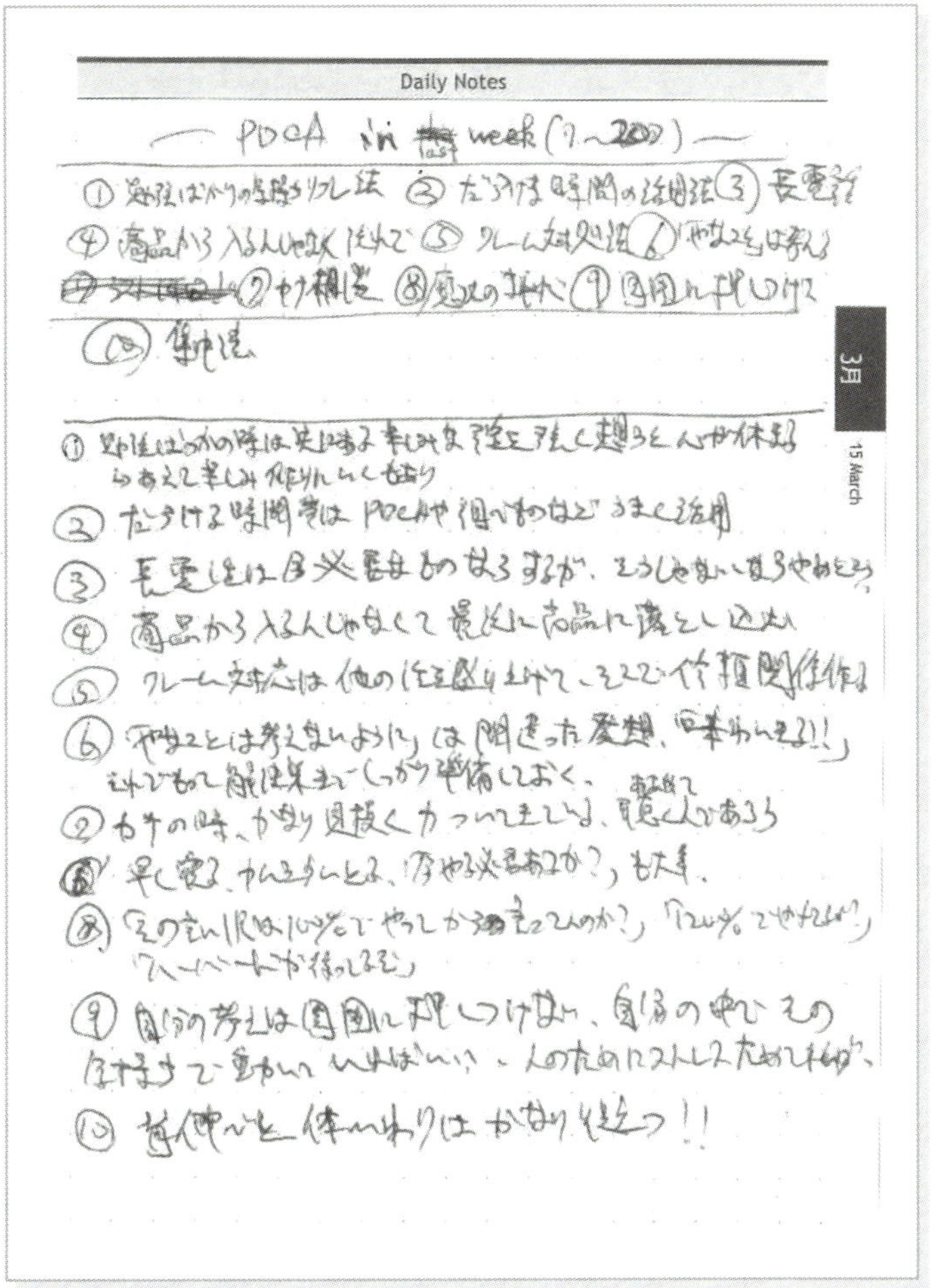

こうしたメモ書きが、小さな文字で1週間に10個から20個並んでいる。

当時の私はこれを「ワンウィークPDCA」と呼んでいたが、現在では「なるほどシート」と名前を変え、全社員で実践している（詳細は8章249ページ）。このシートも巻末でダウンロードできるようにした。

私の昔からの考え方として、自分の思考をアウトプットする受け皿があると、自然と考えるようになるし、感度も高まると思っている。ブロガーが街を歩くといつの間にかネタを探してしまうのと同じ感覚だ。

だからどんなタイミングでアイデアが湧いてきてもいいように、現在でも私はメモを手放さない。歩きながらアイデアが湧いたらスマホで録音。アイデアが湧きやすいシャワーを浴びているときなども、スマホを防水セットのなかに入れて風呂場に置いている。

こうして録音したり書き留めたりした気づきは、先ほど紹介したTODOISTにどんどん書き込んでいる（形式上はタスクとして書き込むわけだが、「なるほど」タグを作ってそこに移動させている）。

営業マンから経営者の立場になったので考えることも多く、気づきのメモの量は週に50～70個まで増えた。

また、ネットを見ていて「これは勉強になりそうだ」と思った記事も「読むべきリスト」と名づけたタグにどんどん投げ入れている（Google ChromeにＴＯＤＯＩＳＴのエクステンション機能があるのでワンクリックでＴＯＤＯＩＳＴに飛ばせる）。これも一種の気づきのメモである。

その際、ただのリンクを入れていてもその記事の概要について忘れてしまうので、自分なりの一言コメントを添えるようにしている。言うなればツイッターのリツイート。こうしておけば自分の思考と結びつくので記憶に残りやすくなる。

考え抜いた結果のミスはＯＫ

先ほどの要因分析を読んでおわかりになったと思うが、「振り返り」といっても何が要因なのか不明瞭な場合もあるし、当然、要因分析を間違えることもある。

しかし、継続的にＰＤＣＡを回していくのであれば仮説を間違うことは恐れるべきことではない。

例えば先日、ある会社の新規開拓営業の担当の方から次のような相談を受けた。

「不動産会社に記事広告出稿のメールアプローチをかけるにあたって、積極的に不動産セミナーを開催している会社のリストを作ってメールを送ったのですが、思ったほど返信率がよくありませんでした。そういった会社なら媒体露出に興味があると思っていたのですが、意外とそうではないみたいですね」と。

この担当者は、「セミナーを開催する会社の返信率は悪い」＝「ＫＤＩとＫＰＩの連動性がとれていない」と結論づけたのである。

この相談を受けた私は、仮説の筋は決して悪くないと思ったので他に隠れた要因があるのではないかと疑った。話を聞くと、実際にメールを送ったのはその担当者ではないという。そこでメールを送った社員にあらためてヒアリングをしてみたらどうかと助言したところ、メールといっても「お問い合わせフォーム」に送っていたことが判明したそうだ。

つまり「メール送信数」というＫＤＩは達成していたが、ＫＤＩとＴＯＤＯの連動性がとれていない珍しいケースだったわけである。

担当者はその後、極力メールアドレスを探してメールベースで送ること、そしてお問い合わせフォームに送る場合は文字数制限で文言が切られないように簡潔バージョンを作ることなどを改善案としたそうだ。

ただ、もしあのとき私と担当者が隠れた要因を見つけられなかったとしよう。

その担当者はきっと新たな仮説を立ててメールアプローチを続けるはずで、その都度検証を行うはずだ。そうすればいつか部下がお問い合わせフォームに送っている事実を知り、そして気づくはずである。

「そういえば2、3回前にPDCAを回したときに仮説を切り捨てちゃったけど、もしかして正解だったのでは？」と。

あくまでもその状況下で手元にある情報をベースにもっとも合理的な判断を下すことを基本とするPDCAには、こうした修正力があることも強みだ。

ただし、間違ってはいいといっても、絶対にやってはいけない検証の仕方がある。

それは次のような抽象的な結論だ。

「がんばりが足りませんでした」

「ちょっと気合いが足りませんでした」

「今回はついていませんでした」

要因を精神面に求めると、なんとく「ひと段落した感じ」がして思考が止まってしまうから厄介だ。頑張ることも気合いを入れることも「量」の話であり、モチベーション的には大事なことだが、間違ったことを全力でやられても成果は出ない。

職場でよく聞くセリフだが、典型的なPDCAストッパーである。

鬼速クエスチョン

検証編

- 目標としていたKGI（KPI・KDI）の達成率はどれくらいですか？
- 達成できなかった要因としてどのような理由が考えられますか？
- 努力が足りなかった、ついていなかったという理由以外でなにか理由は考えられますか？
- 人（情報、地域、時間・時期、ターゲット、コミュニケーション）に問題は潜んでいませんか？
- 達成できた要因としてどのような理由が考えられますか？
- それは次回も使えそうな成功要因ですか？

7章

調整:
検証結果を踏まえた「改善」と「伸長」

ＡＤＪＵＳＴの体系的理解が難しいわけ

解説に入る前に、まず、ここまでのＰＤＣＡのステップをあらためて整理しておく。

- **「Ｐ」：ゴールを決め、課題を考え、ＫＰＩを設定し、解決案を考える。**
  アウトプット＝ゴール（ＫＧＩ）、課題（ＫＰＩ）、解決案
- **「Ｄ」：解決案を一段具体化したＤＯを考え、そのＫＤＩを設定し、さらに具体化したＴＯＤＯに落とし込み、実行する。**
  アウトプット＝ＤＯ、ＫＤＩ、ＴＯＤＯ
- **「Ｃ」：ＫＧＩ、ＫＰＩ、ＫＤＩを検証し、できなかった要因とできた要因を絞り込む。**
  アウトプット＝達成率、できなかった要因、できた要因

・「A」：検証結果を踏まえ調整案を考え、次のサイクルにつなぐ（または中止する）

アウトプット＝調整案

調整フェーズは、検証結果によってスケールが変わる

最後の調整フェーズでは、検証フェーズの結果を踏まえて対応を検討し、次のＰＤＣＡサイクルにつなげていく役割を担っている。ちなみにつなげると書いたが、ＰＤＣＡを中止する判断もここで行う。それも含めて調整フェーズの結果を**「調整案」**と呼ぶことにする。

ＰＤＣＡサイクルのなかで一番「わかるようでわからない」存在なのが、この「Ａ」である。

一般的にいえば、「反省結果を活かし、ＰＤＣＡを改善する」という意味合いだろうか。しかし、実際にはどのように次のＰＤＣＡを考えていけばいいのだろうか。

実は調整フェーズがわかりづらい最大の理由は、検証の対象であるＫＧＩ・ＫＰＩ・ＫＤＩのそれぞれが扱うスケールの大きさがバラバラであり、その検証結果次第で、「調整」のレベルも大きく変わるからである。

調整のレベルとは以下の４つのケースに分けられる。

ケース1：ゴールレベルの調整が必要そうなもの
ケース2：計画の大幅な見直しが必要そうなもの
ケース3：解決案・DO・TODOレベルの調整が必要そうなもの
ケース4：調整の必要がなさそうなもの

そしてこのケースによって、次のPDCAサイクルとのつながり方も変わってくるのだが、それは後ほど触れることにする。

ここから解説する調整フェーズは、次の3つのステップに分かれる。

ステップ① 検証結果を踏まえた調整案を考える

検証フェーズから渡されるバトンは、次の3つである。

・KPI・KDI（またはそのいずれか）の達成率
・できなかった要因

・できた要因

達成率は数値化されているのでわかりやすいが、要因の粒度はバラバラだ。ただ、どのような粒度であれ、基本的に行うことは決まっている。**できなかった要因については「どうやったらできるようになるか？」、できた要因については「どうやったらさらに成果を出せるか？」を考え、書き出すことである。**

もしリストアップされている要因があまりに多いなら、その要因に対して対策を打ったときのインパクトだけにフォーカスしてふるいにかけ、検討事項を減らしても構わない（理想はすべて対策を講じることであることは言うまでもない）。

さて、その調整案を考えた結果は、先ほど示した4つのレベルに分けられるはずだ。

ケース1　ゴールレベルの調整が必要そうなもの

ゴールの調整といっても「中止」「変更」「追加」の3つがある。

中止とは、調整案を検討した結果、「どうやっても無理」「さすがにあきらめよう」とゴールを諦める場合だ。不測の事態でＰＤＣＡを断念せざるを得ない場合もあれば、あらかじめ決めていた予算上限に達したのでストップする場合などもある。

変更とは、達成する対象を変更したり、期日を先送りしたりしないといけない状況になったときだ。

ゴールが変わるということは、つまるところ新しいゴールに向けた新しいＰＤＣＡが回るということなので、ゴールの中断であろうと変更だろうといままでのＰＤＣＡは中止される。

一方、ゴールの追加とは、プロジェクトを進めていて予想もせぬ大きな課題に直面したとき、いままでの業務とは別途、プロジェクトチームを作るようなケースである。

赤字が膨らむ事業部を閉鎖しよう（ゴールの中止）

↓ＰＤＣＡ中止

今年の司法試験を諦め、来年に照準を合わせよう（ゴールの変更）

↓現在のＰＤＣＡ中止、新しいＰＤＣＡスタート

コスト削減を進めていたら、不明瞭な会計処理が見つかった（ゴールの追加）

↓現在のＰＤＣＡ続行、新しいＰＤＣＡスタート

ケース2　計画の大幅な見直しが迫られるもの

ゴールは同じでも、課題を入れかえる、または追加しないといけないケースだ。

とくにスケールの大きな課題を扱っていて、その課題レベルに変更や追加があると、かなりのタイムロスが起きる。

例えばゴールが「会社の利益アップ」で、課題が「売上増」から「コストダウン」に変わるとなると、社員たちが「おいおい」とざわつくレベルである。経理や資材部を巻き込んで現状の把握や情報収集、KPIの設定など、計画の大半をやり直さないといけないのでPDCAサイクルは大幅な遅延が予想される。

ただ、課題が解決されたことでPDCAサイクルから外す場合は、課題の優先度の入れかえなどは起きるが、PDCAサイクルの速度にはあまり影響は及ぼさない。

・英語のリスニングは十分強化したのでやめよう（課題の中止）
・企画を増やすためにネット収集よりリアル人脈の構築にシフトしよう（課題の変更）
・顧客を増やすためにDMアプローチを検討してみよう（課題の追加）

↓ステップ②へ

ケース3　解決案・DO・TODOレベルの調整が必要そうなもの

ゴールも課題も同じだが、解決案やDO、TODOに対して変更やテコ入れをするケースである。役目を終えた、または効果が薄かった解決案やDO、TODOを外し、他の解決案、DO、TODO（優先順を下げていたものを含む）を追加するのもここである。

計画自体はほぼ変わらないので、Pを飛ばして追加策のDから検討していけばいいので「P→D→C→A→D→C→A……」と非常にスピーディーに回るのが特徴だ。最初の計画のフェーズで精度の高い仮説を立てていれば、大きな軌道修正をしないでいいので、自ずとこのケースになる。

実際にここで取り上げられることになるトピックの多くは、「KDIの未達」に対する改善案だろう。作業手順を変えてみたり、作業時間をブロックしたり、助っ人をアサインしたりとさまざまな案が考えられる。ここで考えた改善案や伸長案は次の実行フェーズであらためて具体化されるので、調整フェーズでは「テコ入れをしよう」くらいの粒度で終わってもいいが、その場で決められることなら一気にTODOレベルまで考えて、実行フェーズに横滑りさせたほうがPDCAは速く回る。

ただ、なかにはテコ入れ策といっても「人員を倍増する」といった大規模なタスクも出てくるかもしれない。その場合はさすがに新たな「課題」として扱わないと達成できないレベルなのでケース2に該当する。

・セルフトークが習慣化したのでルーチンチェックシートから外そう（DOの中止）
・本を読み出したら成果が出たので、読む量を増やそう（DOの変更）
・人手が足りないのでインターンにもプロジェクトに入ってもらおう（DOの追加）

↓ステップ②へ

ケース4　調整不要

成果が出ていて、なおかつ改善の余地がないのであれば、そのまま次のサイクルでも同じKDIで動けばいい。しっかり経過を追っているのであれば、計画を継続することも立派なPDCAである。

同じことを続けることも一種の伸長案ではあるが、わかりづらいのでアウトプットは「なし」にしておいた。計画はまったく同じなので、次のサイクルでは計画フェーズを省略し、そのまま実行フェーズに行けばいいが、他の調整案のほうが優先度が高いケースもあるので、天秤にかけるためにいったんステップ②へ行く。

もう1週、同じ処方箋で行って経過をみよう

↓ステップ②へ

ステップ②　調整案に優先順位をつけ、やることを絞る

いまある時間、予算、人手のなかですべてを実行するのはおそらく不可能なので、ここであらためて「インパクト」「時間」「気軽さ」の指標で優先度をつける。

計画の見直しが迫られるケース2は、おそらくインパクトは強いが時間がかかる。逆に解決案レベルで済むケース3は、インパクトは小さくても、時間はあまりかからないだろう。

例を示そう。

いままで電話アプローチしかしてこなかった営業マンが、徐々にアポ率が下がっていた。

要因は「電話アプローチのリストも終盤にさしかかり、可能性の高い優良顧客には電話をし尽くしたから」であったとしよう。

その結果考えた調整案は以下のようになった。

・ゴール設定を下げる（ケース1）
・メールアプローチを追加する（ケース2）
・交渉術を磨く（ケース2）
・電話アプローチの最新のリストを探す（ケース3）
・電話アプローチを継続する（ケース4）

図8-1　調整案の優先順位づけ

	インパクト	時間	気軽さ	優先度
諦める	C	—	C	C
メールアプローチを追加する	A	1ヶ月	C	B
交渉術を磨く	B	3ヶ月	C	C
電話アプローチの最新のリストを探す	A	3日	A	A
電話アプローチを継続する	C	—	A	B

そして、それぞれの調整案を見直していくのである。

「さすがにまだ改善の余地はあるから、ゴールを下げるのはまだ早いだろう」

「メールか。インパクトはありそうだけどノウハウがないしリストもないから時間はかかりそうだな」

「交渉術を学んだらちょっとはマシになりそうだけど時間かかるよな」

「最新のリストが入手できるなら即効性あるよな。探す価値はありそうだ」

「効果が下がっている電話アプローチの優先度はさすがに下げないといけないな」

その結果がこうだ。

ここでの優先度を踏まえてやらないことを決め、残った調整案を次のサイクルにつなげていく。

ステップ③ 次のサイクルにつなげる

いよいよ最後のステップに入った。

ＰＤＣＡは回し続けることに意義がある。調整フェーズは改善案や伸長案といった具体的なアイデアを決めるだけではなく、ＰＤＣＡサイクルの命ともいえる「次のサイクルへの橋渡し役」を担っている。

例えば現在進行形のプロジェクトの定例会議で、課題レベルでの変更・追加を必要とする調整案が出てきたら、次のアクションは、

①新たな課題に関する情報収集
②関係者へのアナウンス
③ＫＰＩの設定、懸念材料の整理、解決案の議論といった計画立案をいち早く行う

といったことである。

要するに「できるだけ早く次のＰへつなげ」ということだ。

もしプロジェクト会議で解決案・ＤＯ・ＴＯＤＯレベルの改善案や伸長案が出てきたら、できればその場で、

①担当者を決める
②期日を決める

③ できるだけ具体的なタスクに落とし込む

といったことをするのが肝心である。

こちらは「できるだけ早く次のDへつなげ」ということになる。

PDCAをそのまま継続させる場合も同じだ。もし実行者がその会議に出席していないなら「うまくいっているぞ。今週もアクセル全開で頼む」といち早く伝える必要がある。

PDCAだからといって、必ずしも毎回、手間のかかるPを行う必要などないということをあらためて強調しておきたい。

検証と調整フェーズでよく起こる間違い

PDCAの各ステップの説明は以上になるが、最後に検証と調整フェーズで起こりやすいミスについて触れておきたいと思う。

1　新しいものに目移りしやすい（個人）

「思うようにKPIが伸びない……。きっとKDIが連動していないんだ。じゃあ、新しい対策を考えよう」と安易に判断を下して、絶えずやり方を変えている人は非常に多い。

一見、その人のPDCAサイクルは高速で回っているように見えるが、「最低限の検証・調整」には「最低限の仮説設定」と「最低限の検証期間」と「最低限の行動結果」の3つが欠かせない。

しかし、目移りしやすい人はそのうちのどれかが欠けている。それにも関わらず、「情報の新しさ」を優先度の基準にしてしまうので、いまのやり方を躊躇なく捨ててしまうのである。

2　間違ったものばかりに目が行く（個人・組織）

改善点ばかり気にして、伸長案を軽視することである。

大半の日本人は小さな頃から「間違っているものは正しなさい」「苦手なものは克服しなさい」と教え込まれながら育っている。その影響で、振り返りをしていてもどうしても「できていないもの」にばかり目が行ってしまう。

これはもはや合理的な判断云々の話ではなく、無意識レベルの話だと思う。

無意識を克服する簡単な方法は自己ルール化である。

「改善案2つにつき、伸長案も1つ選ぼう」といった形で、強制的に自分の良さに目を向けるといい。

3　意見の統一がはかれない（組織）

要因分析や調整案の立案・選定といった作業をチーム単位で行うときに必ずあるのが意見の対立である。

とくにその分野について中途半端な経験がある人は厄介だ。「いやいや、わかってないなあ。絶対こっちですよ」と自信に満ちた表情で主張するので周囲も反論しづらい空気になる。

そうした事態を防ぐ基本対策は、論点を整理して、ひとつひとつ確実に潰していくことである。それをしないからインパクトの話をしているのに「でも予算が……」と言い出す人が出てきて議論が錯綜《さくそう》するのである。

では絞り込みの段階で意見が2つに分かれたらどうするか？

今後も検証チャンスがあるのであれば、本書で何度も言っている仮説思考である。「今回はAさんのアイデアを試そう。もしダメだったらBさんのアイデアも試す」というABテストの発想だ。中途半端にAさんとBさんの案の折衷案を採用しても効果が検証しづらい。

もし喫緊の問題解決などで一発勝負に近い判断を迫られている場合はリーダーが最終判断を下すことになると思うが、そのときは、

①リーダーが責任の所在を明言しておく
②不採用になったメンバーのフォローをすることが重要である。

4　課題のたらい回し（組織）

部署（や会社）を飛び超えた大きなプロジェクトがスピーディーに進みづらい理由は簡単だ。課題のなすりつけあいが起きるからである。

優先度をつけるときのひとつの指標として本書で何度も使ってきた「気軽さ」とは、そうしたプロジェクトにおいては「どの部署がやるか」という意味である。部長の指示のもと、部下たちは「隣の部署がやったほうが早く進むことを暗に示す資料」を必死につくり、部長は部長で決裁者に対してどれだけ入れ知恵ができるか競い合う。

とくに決裁者が現場の実態をまったく把握していないとこうした事態になりやすい。どのみち合理的な判断が下されないとわかっているなら、誰一人として前向きになろうとはしない。これは典型的な大企業病である。

だから私は鬼速ＰＤＣＡを全社員に浸透させようとしているのだ。仕事の進め方に疑問を持つ母数が増えれば、鬼速ＰＤＣＡが実行できないメンバーが数人交じっていても前進できるのである。

5　プロセスの可視化が不十分（組織）

ＰＤＣＡを回して絶えず前進していれば、自ずと課題も変わるし、優先度も変わるし、ときに大幅な計画変更もある。

そのとき大事なことは、その判断に至ったプロセスを見せることだ。

それを怠ると上司や部下から次のような指摘が入りやすい。

・継続：「ずっと同じ課題回してない？」「ちゃんと考えているの？」
・変更：「迷走してるね～」「腹据えてやったほうがよくない？」
・追加：「手を広げすぎじゃない？」「選択と集中だよ、君」

とくに計画の変更をするときにプロセスを開示しないと部下の不満は溜まる一方だ。

「なんで俺の案が変えられるんだ！」

「いままでやってきたことは無駄だったの？」

「また社長の思いつきが始まったよ……」

すべてのプロセスを詳細にアップデートする必要はないが、少なくともその判断が「ＰＤＣＡを回した結果である」ことは絶対に伝えないといけないし、説明を求められたら理路整然と数字とロジックで説明できないといけない。

プロセスを共有しながら鬼速でＰＤＣＡを回せる組織では、そのペースに戸惑う社員が出てくることは仕方ないが、それ以上に「どんどん変わっていけるうちの会社ってすごいな」と思う社員が増える。

鬼速クエスチョン

調整編

- 検証期間は十分だったと思いますか？
- 達成できなかった要因を改善するためにはどのようなことが考えられますか？
- 達成できたことをさらに1.5倍程度にする方法はありそうですか？ それはどのような策ですか？
- 改善案、または伸長案で優先度の高そうなものはどれですか？
- 現在のゴール設定はそのままで大丈夫ですか？
- 計画を大幅に練り直す必要はありますか？
- 微修正程度であれば、この段階でスケジュール帳に書き込めるレベルまでタスク化できますか？
- 計画の変更を伝えておくべき人はいませんか？

8章

チームで実践する鬼速PDCA

PDCAを鬼速で回す必要条件

本書のまとめとして、当社で実践している鬼速PDCAの具体例を一部、紹介したいと思う。

その前に、PDCAを鬼速で回す10個のポイントについてここで整理しておこう。

① 因数分解で精度の高い仮説を立てる

計画時にいかに細かく因数分解できたかで、早期のボトルネック発見や課題の見落とし防止につながり、次のサイクルでの軌道修正が小さくなる

② 仮説思考、リーン思考で動く

情報が足りないならとりあえず失敗してもいいのでやってみる。「課題が見えないからやらない」のではなく、「やれば課題が見えてくる」と発想を切りかえる

③ 常にインパクトの大きい課題、行動から着手する

ＫＧＩから逆算してもっとも効果的な課題（最重要ＫＰＩ）やＤＯから手をつけていれば、仮に手一杯になって計画通りにタスクがすべてこなせなくても前に進む。優先度づけの手間を惜しんではいけない

④ 行動のアイデアが湧いたらすぐにタスク化する

実行フェーズでの保留が一番の無駄。ＤＯを思いついたら反射的にＴＯＤＯ化する習慣を身につければ、実行フェーズが断然速くなる

⑤ 行動目標も必ず数値化

結果を直接コントロールしようとせず、行動を徹底的にコントロールする。そのためには検証頻度に合わせた行動目標（ＫＤＩ）を必ず立てること

⑥ ＴＯＤＯの進捗管理は毎日行う

ＴＯＤＯレベルの進捗把握と調整は実行サイクルのなかで行う。最低でも１日１回。理想は１日数回

⑦ こまめに検証を行う

ＫＧＩ、ＫＰＩ、ＫＤＩのそれぞれに対して、検証可能な範囲でもっとも短いサイクルで検証を行うことにより、無駄な努力を減らす

⑧ 要因分析時は「思い込み」を外す

想定通りにいかないときこそ仮説を疑う。たいていの課題は思考を縦か横にストレッチしないと見えてこない

⑨ 次のサイクルに迅速につなげる

計画の変更が必要なら即会議を開く。改善策レベルの調整でいいならその場でタスク化。次のサイクルにつなげるときのタイムラグを減らす

⑩ 小さいＰＤＣＡを同時に多く回す

ＰＤＣＡは同時に複数回すことが理想。大きなＰＤＣＡひとつを力ずくで回すより、小ＰＤＣＡを並行して回したほうが結果は早く出る

図8-1 鬼速ＰＤＣＡのポイント

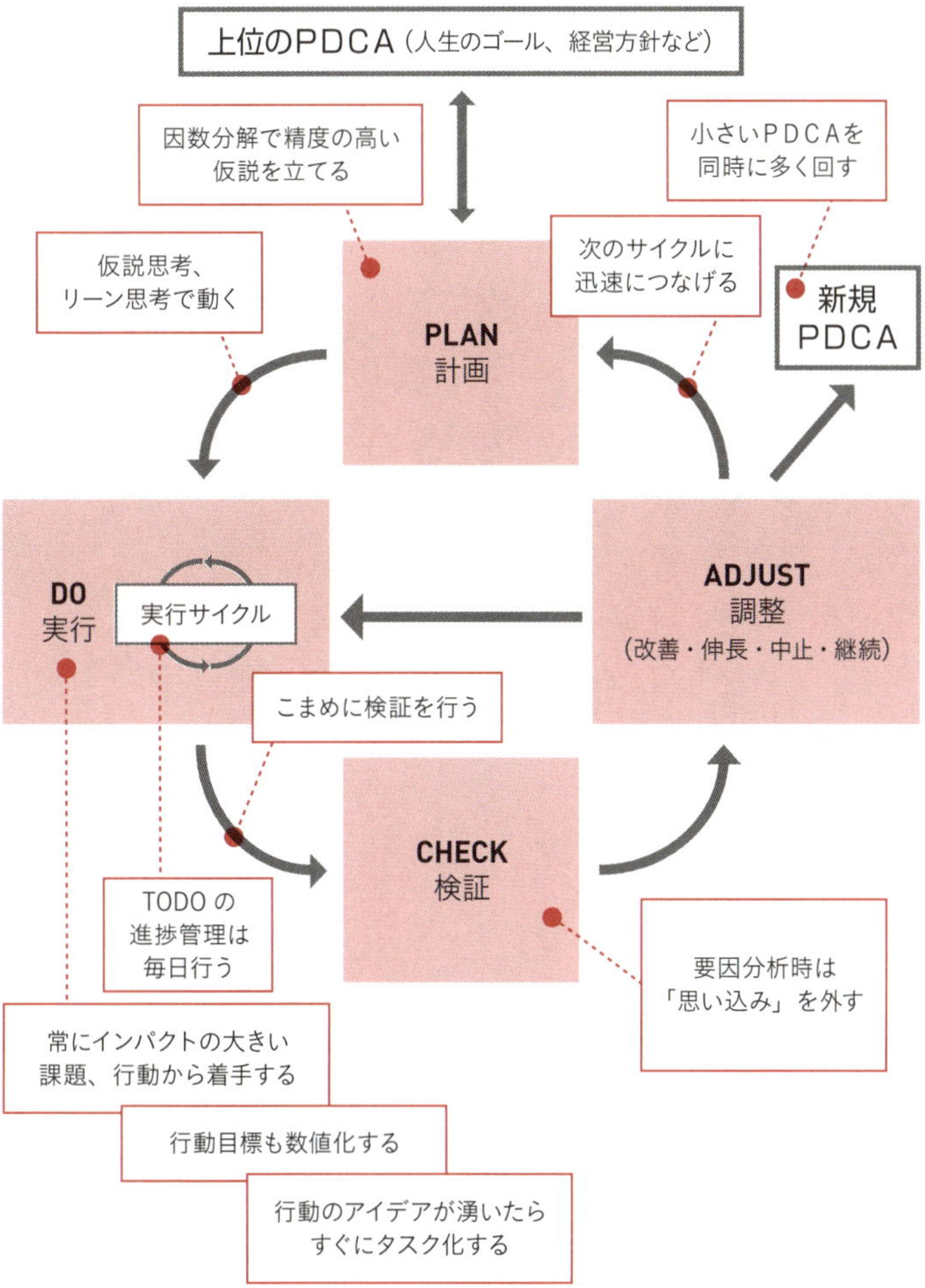

鬼速で課題解決するための「半週ミーティング」

当社の鬼速ぶりを象徴するのはなんといっても独自の「半週ミーティング」だろう。3日に1回開かれる課題解決のための定例チーム会議のことである。

一般の会社の定例ミーティングは週に1回、1時間のケースが多いと思うが、当社ではそれを週に2回、各30分に分けてある。

延べ時間は同じでも、サイクルが2倍速いのである。

1章でも言及したとおり、組織が鬼速で成長していれば半週で計画が変わることなどザラだ。それに業務を進めていればさまざまな壁にぶつかる。しかしその度に壁の前で1週間も座して待つ暇などないのだ。いち早く解決案を考え、実行に移し、その効果を検証していくためには半週のサイクルが必要なのである。

「半週ミーティング」の主目的は実行サイクルの「詰まり」を取り除くことである。

営業チームの場合はKPIを追っていれば行動も大体わかるため、トピックはKPIの動きが中心となるが、一方、メディアチームのように、人によって職務がまったく異なる部署はＫＤＩを中心に追っている。

30分でどこまで議論が深まるのかと思われる方もいるだろうが、むしろ30分だからこそ密度の濃い議論になる。

目標達成率、その数値になった要因の分析結果、そしてどう改善（または伸長）すればいいか。理想はここまでをすべて各メンバーに発表してもらうことだが、課題がわからなかったり、対応策がわからなかったりする場合は参加者の知見を集めてその場で答えを出す。

さらに、次のサイクルのＴＯＤＯまで一気に決めてしまうこともよくある。

減点主義の会社では、課題を抱えている社員は「ダメ社員」の烙印が押されるが、当社ではむしろ課題がまったく出てこない社員が白い目で見られる。なぜなら、業務を進めていれば必ず何かしらの課題に直面するはずであり、課題がないということは「鬼速で動かしていない」ことの証拠とみなされるからだ。だからこそ「課題ウェルカム」という雰囲気があるのは当たり前だと考えている。

そもそも、会社の会議といってもブレスト目的なのか情報共有目的なのか課題解決が目的なのかとさまざまな種類がある。それなのに多くの企業では同じフォーマットでこなそうとする。結果的に参加者の温度差が出るので効率が悪い。

しかし、最初から「課題解決のための会議である」とわかっていれば、それ相応のテンションと集中力で会議が始まる。

それに半週ペースでアウトプットを出し続けることを習慣にすることで中途採用の社員（当社の8割方は中途採用である）であっても、否が応でも当社のスピード感に染まることになる。

とくに当社は、お世辞にも意思決定スピードが速いとは言えない金融業界を飛び出してきた社員が多いので、最初の数ヶ月は戸惑いを見せる社員もいる。しかし、所詮、スピードなど相対的な感覚にすぎない。

この「半週ミーティング」を終えれば必ず物事が前進するということを全員で共有することが重要だ。

3日ごとの前進度合いを可視化する「鬼速進捗管理シート」

「半週ミーティング」とセットで実践しているのが「鬼速進捗管理シート」である。

このシートには複数のKPIに紐付いた必要な施策（DO）が列挙されており、ひとつの施策には担当者の名前と、「コンテンツ企画100件」「新しいクリエイティブ10種類検証」といった複数のKDIと、その進捗率、ならびに半週ミーティングで出た改善策や抱えている課題などが並んでいる。

こうして各自の行動計画を全社員で共有するということは、非常にシンプルではあるが、そのメリットは多い。

行動計画をシェアするメリット

- やるべきことが明確になるので行動に迷いがでにくくなる
- 予定を周知のもとにさらすことで責任感がわく
- 行動計画が共有されていれば、半週ミーティングでわざわざ説明する必要がなくなる
（もし進捗通りなら「進捗通りです」の一言でさっさと終わらせる）
- 部下の行動計画を過去に遡って観測できるので、優先順位づけや段取りが苦手な社員のフォローがしやすくなる

ただし、社員の行動管理はあまり細かくしすぎると息苦しさを覚えてやる気が下がるリスクのほうが大きいので、日々のTODO管理については各社員の裁量に任せるようにし

図8-2 鬼速進捗管理シート

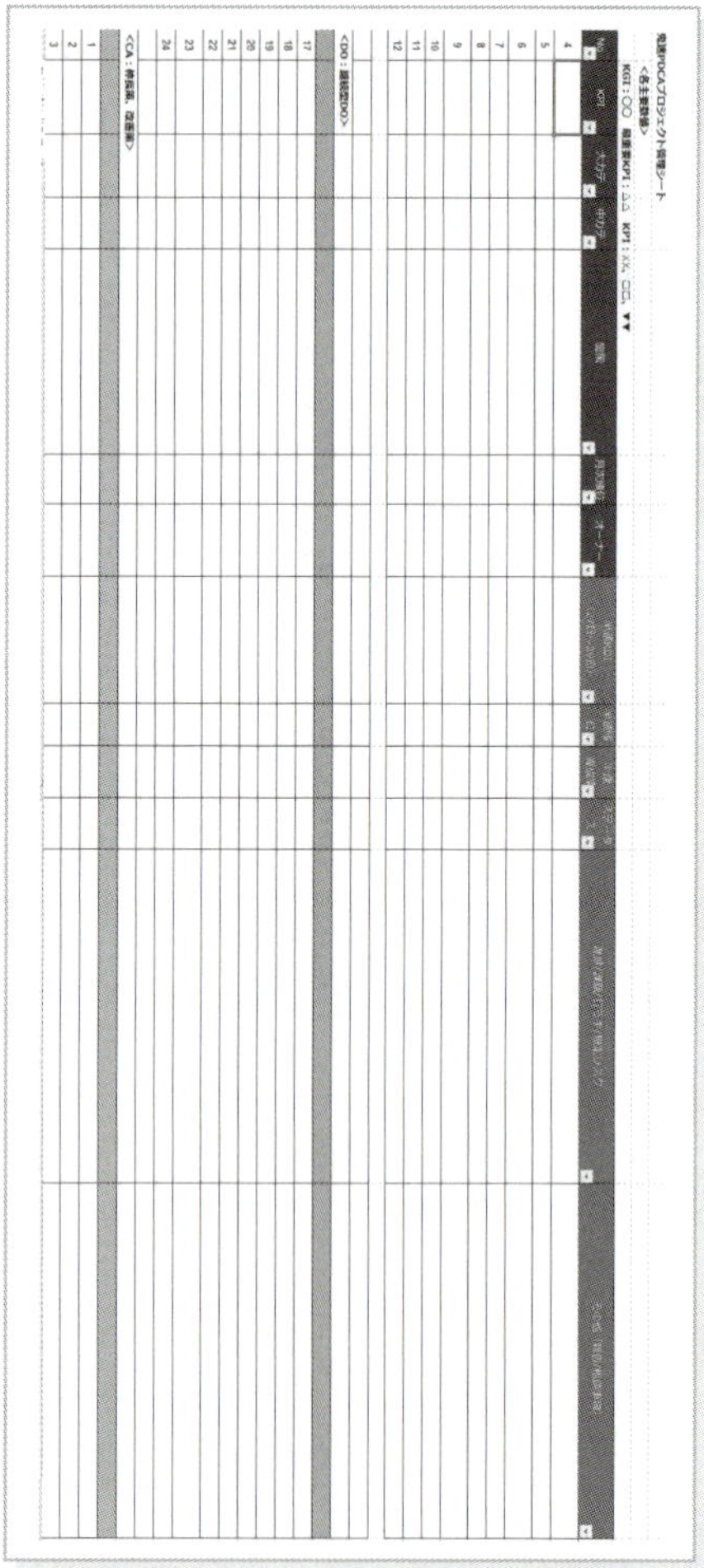

ている。

「鬼速進捗管理シート」は当然KDIの管理に役立つが、もっとも重要なのはその施策（DO）がKPIの優先度順に並んでいることである。

KDIレベルになれば作業は地味なものに感じるかもしれないが、その担当者がこのシートを見れば、自分たちの仕事がプロジェクト全体のなかでどれだけ重要なのかが一目瞭然になるわけだ。

知見を集積するための「なるほどシート」

前述のように、当社では、社員全員にその週に感じた「なるほど」を書いてもらっている。こちらもシンプルなエクセルで共有している。

書き込む内容については、半週ミーティングの結果導き出された改善案や伸長案でもいいし、日々の業務で反省したことや驚いたこと、本やネット記事で新しく学んだことや気づいたことでもなんでもいい。組織の話でも個人の話でも構わない。

仮に本人にいま明確にＰＤＣＡを回している感覚がなくても、そうした日々の気づきは結果的にＰＤＣＡにつながること、そしてＰＤＣＡはどんな対象であっても回せること、さらに、日々の気づきを書き残すだけでも人は成長していくことを実感してほしいと願っている。

かつては週に最低5個をルールにしていたが、いまは週に最低7個である。

実際、当社に入社してからＰＤＣＡを回す習慣がついた社員は、入社当初は苦労していたようだが、いまではいくらでもネタが出てくるようになった。

こういった成長の成果が見られると非常に嬉しい。

なかには7つが揃わない社員もいるが、こうした社員は自分を客観的に見ることが苦手なタイプである。

そういった社員こそ、個人でＰＤＣＡを回せるようになればどんどん自分の足りないところやいいところがわかるようになるはずなので、そういう意味でまだまだ伸びしろは大きい。会社としても重点的にフォローアップしていく必要があると感じている。

もし読者の方でも「なるほど」が7つも出てこなさそうな方は、ぜひ巻末に用意した「10分間ＰＤＣＡ」をお試しいただきたい。現状の自分を客観的に見るきっかけになるは

図8-3 なるほどシート

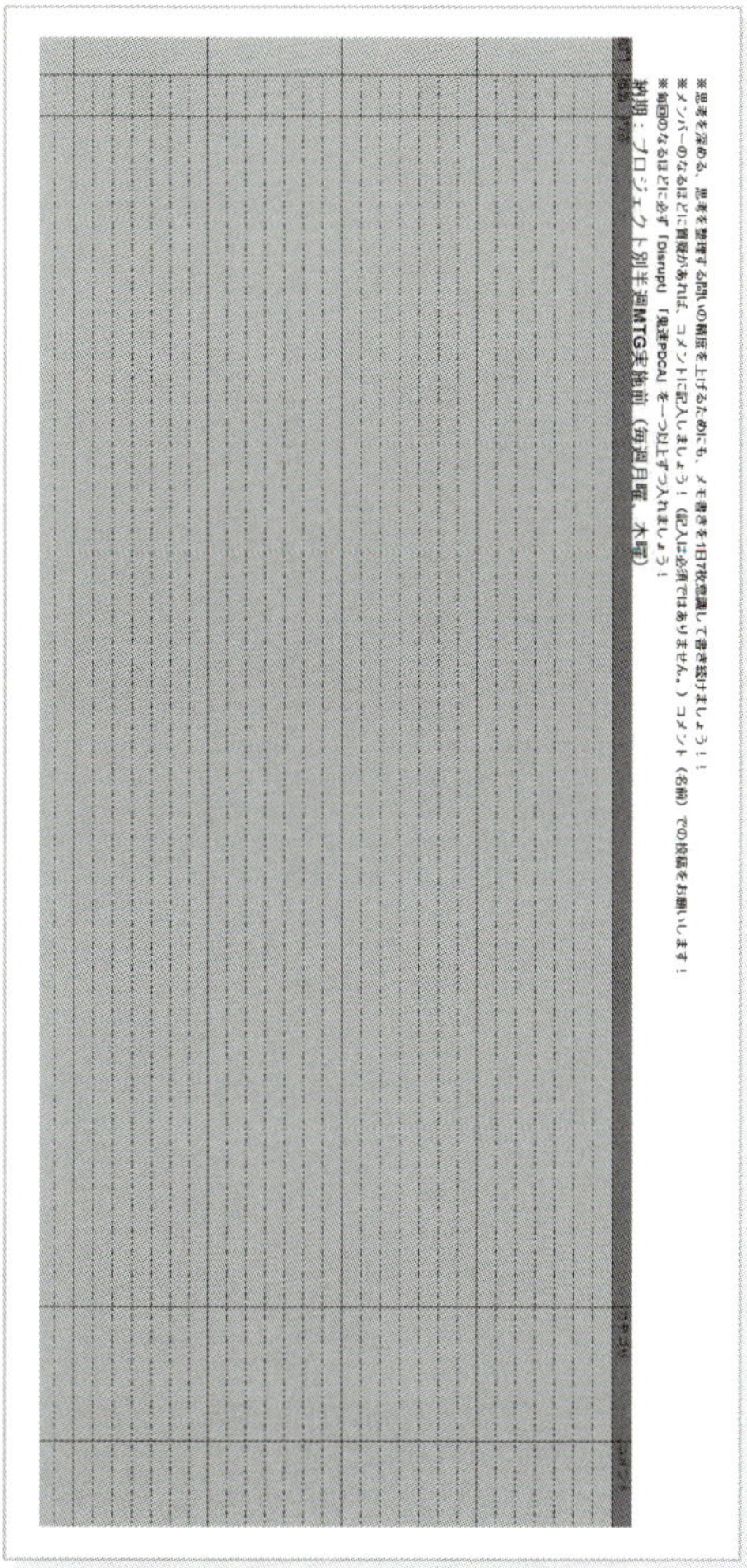
※思考を深める、思考を整理する問いの精度を上げるためにも、メモ書きを1日7枚意識して書き続けましょう！！
※メンバーのなるほどに質疑があれば、コメントに記入しましょう！（記入は必須ではありません。）コメント（名前）での投稿をお願いします！
※毎回のなるほどに必ず「Disrupt」「鬼速PDCA」を一つ以上ずつ入れましょう！
納期：プロジェクト別半週MTG実施前（毎週月曜、木曜）

ずだ。

また、最近行った改善として、シートに他人からのコメントも入れられるようにした。やはり自分の感じた気づきに対して「参考になりました！」と書かれたら誰でも嬉しい。すると他人の気づきにも興味が湧いてくるようになるので、結果的にＰＤＣＡのナレッジシェアが進む。

さらに、なるほどシートは過去に遡れるので、マネジメントサイドからすれば鬼速進捗管理シートと併せて部下の状況やキャラクターの把握にも役立つ点も特記しておきたい。

非緊急領域を定着化させる「ルーチンチェックシート」

継続型のＤＯの指標化のために、そしてどうしても後回しになりやすい重要・非緊急領域を実行に移す手段として、新卒入社時から私が実践しているのが「ルーチンチェックシート」である。現在、当社では「鬼速ＰＤＣＡチェックシート」と呼んで、若手社員を中心に実践してもらっている。

このシートを考案したのは『カリスマ体育教師による常勝教育』（日経ＢＰ社）を書い

図8-4 ルーチンチェックシート

鬼速PDCAチェックシート

＿＿ヶ月後にどんな状態になっていたいか？：

現在の自分はそれに対してどのような状態か？：

＊毎日、当日の就寝前or翌日の起床後にチェックして下さい。　※仕事に直接かかわらないことを記入してください。　＊◎：凄く出来た（3点）○：出来た（2点）△：やや出来た（1点）×：出来なかった（0

PDCA対象 / 目的	日付	1	2	3	4	5	6	7	8	9	10	11	12	13	14	15	16	17	18	19	20	21	22	23	24	25	26	27	28	29	30	31	合計
	曜日																																
1																																	
2																																	
3																																	
4																																	
5																																	
6																																	
7																																	
8																																	
9																																	
10																																	
小計（点数の合計）																																	

た原田隆史氏だ。弱小陸上部を育てた名コーチとして知られている。その原田氏が野村証券で講演を行ったときに「これは使える！」と思ってすぐに実践に移した。あの日に講演を聞いた人のなかで、いまでも続けているのは私だけだろう。

ルーチンチェックシートで行うことは、目標を書き、毎日点数をつけることだけだ。ものすごくシンプルだが、やるべきとわかっているのについつい後回しにしがちなことを習慣として染み込ませる（ルーチン化する）のに、これほど効果的な手段を私は知らない。

点数のつけ方は10点満点でも5点満点でも、ＡＢＣでもなんでもいい。私の場合は◎（3点）、○（2点）、△（1点）、×（0点）の4段階評価にして毎晩寝る前に書き込み、週末ごとに点数化していた。あくまでも自己評価になるが、ここで自分に嘘をついても意味がない。大事なことは「あきらかにできていない状態」から「あきらかに定着化した状態」にすることである。

例えば月平均が何点以上になったら達成と事前に決めて、それが達成できたら次の月には入れないという方法でもいいだろう。経験上、どんな目標でもルーチン化するにはだいたい3ヶ月くらいは要する。

実際にやればわかるが、たいていのことは最初の数日は意識が向いているのでそれなりにやるが、そのあと一気にやらなくなる。定着化のコツはそこからの巻き返しにかかっているといっていい。私自身、自分との対話であるセルフトークにしても出社前の1回しかできないことが多かった。でも、毎日眺めるシートで△や×が並んでいるのを見ると、さすがにヤバいなと思えてくる。

要するに、強制的に毎日意識づけを行っていることと同じである。シートがなければ脳のシナプスからあっさり外れていることだろう。ここが重要なのだ。

すると、どうにかして◎や○を増やしたくなってくる。そのモチベーションこそPDCAを回すきっかけになる。仕事に追われているとセルフトークのことを忘れてしまうことがあったので、携帯でアラーム通知するようにしたのもその解決案のひとつだ。

シートに入れるものは「TODOリストに入らない属性のもの」と考えればわかりやすいだろう。

・感謝の気持ちを持つ（または感謝を10回言う）
・2時間英語に触れる
・明るい表情で社内を歩く

・大きく口を開けて明瞭にしゃべる
・論理的に話す
・メールの返信を早くする

仕事の成果に直結するボトルネックをズバリ入れることが理想だが、それがわからないのであればとりあえず深く考えずにやってみればいい。ここにリストアップされるものはどんなものであれ、人の成長を加速させるものになるはずだからである。

有志によるＰＤＣＡワークショップ

現在、若手社員を中心に十数名の有志が集まり、私が講師となって勤務時間外に鬼速ＰＤＣＡのワークショップを行っている。

ＰＤＣＡの意義については、普段、チームの仕事の回し方を見ていて参加者たちも十分理解しているので、このワークショップでは3つのことに主眼を置いている。

ＰＤＣＡの効果を体感すること。

PDCAの手順を覚えること。

そして、PDCAを継続させることである。

具体的には以下のようなワークを行ってもらっている。

① 10分間PDCAシート

PDCAの効果を体感してもらうために使っているのが巻末に用意した「10分間PDCAシート」である。

あるゴールに対して、① 課題を書き出す、② 課題を絞る、③ 解決案を書き出す、④ 解決案を絞る、⑤ TODO化する。これだけだ。

究極的にシンプルだが、実はPDCAから実行サイクルだけを抜いて単純化したら、結局はこの形に行き着くのである。

② 因数分解の実践

PDCAの手順についてはステップごとの説明も重要だが、それと合わせて大事なのは因数分解だと思っている。因数分解ができればPDCAのゴール自体も扱いやすいレベルまで分解でき、課題も見つけやすくなり、リスクも想定しやすくなり、解決案も明確になる。

例えば先日のワークショップでは、参加者に「営業」を因数分解してもらった。最初は戸惑い気味のようだったが、感覚に慣れてくるとみんな楽しみながらアイデアを出し合い、最終的にホワイトボードがびっしりと埋まったほどである。

物事を分解する行為はプラモデルの組み立て図やゲームの攻略本を作っているようなものだ。分解してしまえば恐るるに足りない。

「じゃあここを強化しても効果薄いよね」

「これならすぐに対策できそうだよね」

できあがったホワイトボードを眺めながら参加者からはさまざまな意見が飛び交う。こうした因数分解を自分たちでできたことだけでも大きな価値があるが、それによってさまざまな気づきが得られることも知ってもらえたことが何よりも嬉しい。

③ 鬼速PDCAチェックシート

先ほど説明した通り、PDCAを回すときに出てくる課題や解決案は必ずしも明確なTODOまで落とし込めるかわからない。かといってそれを切り捨ててしまうと重要・非緊急領域が一向に前進しないわけである。

それを補完するのが「ルーチンチェックシート」であり、「半週ミーティング」「鬼速進捗確認シート」「なるほどシート」と並んで、鬼速ＰＤＣＡの3大ツールの一つとして位置づけている。

鬼速ＰＤＣＡコーチング

私の目下の課題は幹部社員に鬼速ＰＤＣＡのコーチング技術を磨いてもらうことである。ＰＤＣＡ力は徐々に成長していくものなので、社員全員に鬼速ＰＤＣＡを浸透させるには指導者を増やすことが何よりも重要だからである。

鬼速ＰＤＣＡコーチングが目指すのは、第三者が課題を抱えているときに、視点を横へ広げたり、縦に深掘ったりする因数分解の補助となることである。

「何が課題だと思う？」

「何に引っかかっている？」

「じゃあ、どれやろう？」

「優先順位はどうしようか？」

ときには助言もするが、基本的には質問形式で、答えは自分で考えてもらう。

質問の威力は、質問された側が条件反射的にその答えを取りに行くところにある。人から言われたことより、自分で気づいたことや決めたことのほうが圧倒的にモチベーションが高くなる。それに意外と周囲のほうが部下の置かれている状況を冷静に見ているケースもあるので、状況の整理を手伝う人がひとりいるだけでブレイクスルーが起きたりするものだ。

質問をする側には以下の点に注意してもらっている。

・質問攻めにしない
・堂々巡りの質問をしない
・論理的に破綻した回答だからといって否定しない
・沈黙を埋めない。沈黙は熟考の証である
・イエス、ノーで答えられる質問をなるべくしない
・中立的な質問をする。「それって本当に役立ちますか？」ではなく「それはどんな効果

があります か？」
・話がそれても遮らない。ただ、その事実だけを伝える。「話がそれていると思いますが続けますか？」

また、コーチングによって目指すものは以下の3つのタイプに分かれる。

①要因分析の喚起
ゴールと現状のギャップに対して存在している要因・課題の分析を、広げる・深掘るための質問を通じてサポートする。

②具体化の喚起
ゴール、計画、緊急度の高いDOなどを常に意識づけするための具体的な落とし込みを、質問を通して考えてもらう。

③行動の喚起
具体的な行動の内容、いつ行うかなどの期日や期間を、質問を通して明確にし、回答者

の行動喚起を促す。

なかにはやたらと答えを聞きたがる社員もいる。しかし、そこで安易に答えを言ってしまっては本人のためにならない。とにかく自分で考える癖をつけてほしいので、管理職レベルには「逆にどう思う?」と切り返すように教えているし、だいぶ徹底されるようになってきた。

そこで部下が「わかりません」とどれだけ悲しい表情で言ってきても、助けてあげたい私情をぐっとこらえて「現時点で持っている情報から考えられる仮説でいいよ」と切り返してもらうようにしている。

どれだけ悩んでいる人でも自分なりの仮説くらい考えられるはずだ。

実際には、「わかりません」というのは、単に自信がないとか、見当違いで馬鹿にされるのではないかといった体裁を気にしているだけだ。これらは、エリートコースを歩んできた若手社員に非常に多い。

しかし、当社ではそのような批判を恐れているだけの優等生に価値を見出さない。むしろどんどん新しい仮説を立てて臆せず行動に移して、膝小僧が傷だらけになった社員のほうが尊敬される。そのような社員を一人でも増やすためには、挑戦を恐れて立ちすくむ社員がいたら、「やってみようよ。失敗しても修正すればいいじゃん」と背中を押す同僚や上司たちが必要になるわけである。

物事を分解し、整理しながら考えることは慣れない人からすれば最初のハードルがかなり高い。はじめて乗る自転車のようなもので、とにかく不安と恐怖心が先行する。

そこでのコーチングは補助輪のようなもので、「ＰＤＣＡってこういうものなんだ」と体感させることが何より大事なのである。

現状では鬼速ＰＤＣＡコーチングができるメンバーが限られているので、10名くらいの規模になると各自に仮説を書き出してきてもらって、それに対してコーチングを行うようにしている。

こうやって各自に鬼速ＰＤＣＡを浸透させていけば、私が理想とする「社員同士が互いの鬼速ＰＤＣＡを加速させ合う、圧倒的なスピード感を持った組織」が実現すると思っている。

ＰＤＣＡを加速させるにあたってとくに効果が高い具体的な質問については、本章のまとめとして次ページに書き出してみたので、参考にしてほしい。

鬼速クエスチョン

コーチング編

【横に広げる質問】

- 他にどのような手段（課題）が考えられますか（考えられましたか）？
- 他に選択肢（課題）が３つあるとしたら、なんだと思いますか？
- さらに３つあるとしたら、なんだと思いますか？
- 思いきり大胆になったら、どのような選択肢が考えられますか？
- あなたが社長だったら、どのように考えますか（行動しますか）？
- あなたがまだ深く検討していない課題が１つあるとしたら、どれですか？

【縦に深掘る質問】

- ○○について具体的に話してくれますか？
- ○○を３つに分解するとどうなりますか？
- それをさらに分解することはできすか？
- なぜ○○になったと思いますか？
- ○○という結果が意味するものはなんでしょうか？

おわりに

人の肩書き、社会的地位、名声、年収などはいずれも結果である。結果である以上、そこに到達した瞬間から過去のものとなる。確かにそれを達成するまでには並々ならぬ努力があったはずであり、それは尊敬に値する。ほんの束の間であれば、その高みに到達したことを祝えばいい。

でも、そこにあぐらをかいてはいけない。

人の価値とは本来、「いま」で決まるからである。

後ろ向きの発想はグローバル化が加速している21世紀に入っても根強い。学歴主義、大企業信奉、減点主義などはいまだに世間を跋扈《ばっこ》する。

鬼速ＰＤＣＡは究極の前向き思考だ。

過ぎ去ったことは教訓として学んだらさっさと捨てる。あるステージまで到達できたら、さっさと新しいＰＤＣＡを回す。現状で満足するという概念がそもそもない。走り続ける必要があるので鬼速ＰＤＣＡは大変だ。人より速く前に進んでいるのだから楽なわけがあるまい。

でも、これだけは言える。

「前進を続ける人生のほうが絶対に楽しい」と。

仕事でも私生活でも、あたりのつかないことなど日常茶飯事である。

ましてや当社はフィンテックの激流の最前線にいる。でも、そこで「わからないから行動しない」のでは１００年かかってもイノベーターにはなれない。

鬼速ＰＤＣＡと非常に相性のいいビジネスモデルが『リーンスタートアップ』のなかで触れられているＭＶＰ（Minimum Valuable Product）である。「検証可能な必要最低限のプロダクト」という意味だ。あるサービスを作ろうと思ったときに必要最低限のものだけ作ってＰＤＣＡを回せということだ。

いまではお金に関する情報を発信するメディアとして日本最大の訪問者数を誇るＺＵＵオンラインにしても、私が証券会社を退職してひっそりと開設したときなどは、正直に言うが「まとめサイト」レベルだった。ただ、それも資産管理や資産運用について、「株」や「個別銘柄」という具体的な切り口ではなく、一段上にあるお金に対する考え方や知識を伝えるメディアに需要があるのか検証したかったのである。いざ始めてみると、ＳＥＯ

で1位をとったり、コア層が読者としてついたり、ときには記事がバズったりして、「これはいける」と自信を持てた。そしてYahoo!ニュースへのコンテンツ提供が決まったあたりから一気に体裁を整えていったものだ。

さらに言えば、時価総額100兆円企業を目指す当社にとってZUUオンラインもMVPのひとつとさえいえるかもしれない。当社にとってメディア事業は序章であり、今後も鬼速でPDCAを回しながら世界一のフィンテック企業を目指す。

最後になるが、3年後、5年後に私がこの本を読み返した時点で、鬼速PDCAのスキーム自体も成長している可能性は大いにあることを付け加えておきたい。

また、読者の方も、本書を読み終え、実践に移したときの感想や、「もう少しここが知りたい」といった要望もあるはずだ。ぜひ左記のメールアドレスまでフィードバックをお送り頂ければ幸いである。いずれ改訂版が出ることになれば、極力反映させたいと思っている。

onisokupdca@zuuonline.com

究極のPDCA本に向けて、PDCAを回していくために。

2016年9月　ZUUシンガポールオフィスにて

付録　鬼速PDCAツール

以下のURLから本書で紹介したPDCAに役立つツールをダウンロードできます。

・工数棚卸しシート
・鬼速進捗管理シート
・なるほどシート
・ルーチンチェックシート
・10分間PDCA

http://cm-publishing.co.jp/onisoku

⑤解決策の絞り込み
【制限時間30秒】

上で書き出した解決策のなかから「もっともインパクトがありそうなもの」を3つ選んで丸をしてください。

- ○看板商品を新たにつくる
- ・地元のグルメに詳しいブロガーさんを招待して試食してもらう
- ・HPを作る
- ○フェイスブックページを作る
- ・お店の看板を目立つものに変える
- ○地元の食材の良さを発信するブログを作る
- ・地元の商工会に相談する
- ・チラシをつくって地元でポスティング
- ・YouTube活用
- ・他の宣伝手段をネットで調べる

⑥タスク化
【制限時間2分】

3つに絞った解決策について「手段（どうやるか）」と「期日（いつまでにやるか）」を決めてください。

- ・1週間で構想を練り、2週間で試作品をつくり、関係者を集めて試食会をする。関係者にはこのあとメールを送ってスケジュールを空けてもらう
- ・今週中に繁盛店のフェイスブックページを最低50件分は研究し、来週中に開設する
- ・明日、本屋でブログ開設のノウハウ本を2、3冊買う。食材については地元の農協のAさんと今週末飲むときに相談する

⑦見える化
【制限時間1分】

上で決めたタスクをスケジュール帳に書き写してください。
（複数人でのワークの場合は、隣の人とシェアしてください）

10分間PDCA 記入例

①ゴール設定をする

3ヶ月後に飲食店の来店者数を2倍にする

②課題を考える
【制限時間3分】

ゴールを実現するにあたって考えられる課題をできるだけ多く書き出してください。

(目安:7個以上)

- 認知度が低い
- 適切な価格設定がわからない
- 地元の食材のよさを伝え切れていない
- オペレーションが間に合わないかも
- 看板商品のインパクトが弱い
- 駅から遠いので足を運ぶ動機が薄い
- 常連客からの口コミ波及が少ない
- 繁盛店になったら常連客が離れるかもしれない

③課題の絞り込み
【制限時間30秒】

上で書き出した課題のなかから「もっともインパクトがありそうなもの」を3つ選んで丸をしてください。

- ○**認知度が低い**
- ○**適切な価格設定がわからない**
- 地元の食材のよさを伝え切れていない
- オペレーションが間に合わないかも
- ○**看板商品のインパクトが弱い**
- 駅から遠いので足を運ぶ動機が薄い
- 常連客からの口コミ波及が少ない
- 繁盛店になったら常連客が離れるかもしれない

④解決策を考える
【制限時間3分】

3つに絞った課題を解決する方法を書き出してください。課題ごとに分けて書き出す必要はありません。(目安:10個以上)

- 看板商品を新たにつくる
- 地元のグルメに詳しいブロガーさんを招待して試食してもらう
- HPを作る
- フェイスブックページを作る
- お店の看板を目立つものに変える
- 地元の食材の良さを発信するブログを作る
- 地元の商工会に相談する
- チラシをつくって地元でポスティング
- YouTube活用
- 他の宣伝手段をネットで調べる

【著者略歴】
冨田和成（とみた・かずまさ）
株式会社 ZUU 代表取締役社長 兼 CEO
神奈川県出身。一橋大学卒。大学在学中に IT 分野にて起業。卒業後、野村證券にて数々の営業記録を樹立し、最年少で本社の超富裕層向けプライベートバンク部門に異動。その後、シンガポールでのビジネススクール留学を経て、タイにて ASEAN 地域の経営戦略を担当。2013 年、「世界中の誰もが全力で夢に挑戦できる世界を創る」ことをミッションとして株式会社 ZUU を設立。FinTech 企業の一角として、月間 250 万人を集める金融メディア「ZUU online」や、主要なピッチコンテストでも受賞歴のある投資判断ツール「ZUU Signals」で注目を集める。これまでにシリコンバレーのベンチャーキャピタルを含む総額 5.5 億円の資金調達を行なう。過去に Google や Facebook も受賞した世界で最も革新的なテクノロジーベンチャーアワード『Red Herring Asia Top 100 Winners』受賞。最近は金融機関の FinTech 推進コンサルティングやデジタルマーケティング支援なども行ない、リテール金融の IT 化を推進している。著書に『大富豪が実践しているお金の哲学』（クロスメディア・パブリッシング）がある。
ZUU online: https://zuuonline.com

鬼速《おにそく》 PDCA

2016 年 10 月 21 日　初版発行
2016 年 12 月 11 日　第 5 刷発行

発行　**株式会社クロスメディア・パブリッシング**
発行者　小早川 幸一郎
〒 151-0051　東京都渋谷区千駄ヶ谷 4-20-3 東栄神宮外苑ビル
http://www.cm-publishing.co.jp

発売　**株式会社インプレス**
〒 101-0051　東京都千代田区神田神保町一丁目 105 番地
TEL (03)6837-4635（出版営業統括部）

■本の内容に関するお問い合わせ先 ……………… クロスメディア・パブリッシング
TEL (03)5413-3140 ／ FAX (03)5413-3141
■乱丁本・落丁本のお取り替えに関するお問い合わせ先 ……………… インプレス　カスタマーセンター
TEL (03)6837-5016 ／ FAX (03)6837-5023 ／ info@impress.co.jp

乱丁本・落丁本はお手数ですがインプレスカスタマーセンターまでお送りください。送料弊社負担にてお取り替えさせていただきます。但し、古書店で購入されたものについてはお取り替えできません。

■書店／販売店のご注文受付 ……………… インプレス　受注センター
TEL (048)449-8040 ／ FAX (048)449-8041

カバーデザイン　金澤浩二（FUKIDASHI Inc.）
本文デザイン　安賀裕子（cmD）
図版デザイン　大竹優里
編集協力　郷和貴

印刷・製本　中央精版印刷株式会社
ISBN 978-4-8443-7749-8 C2034